Marketing Basic Selection Series

マーケティング・ベーシック・セレクション・シリーズ

プロダクト・マーケティング

㈱経営教育総合研究所
山口正浩 監修
Yamaguchi Masahiro

竹永　亮 編著
Takenaga Makoto

Product
Marketing

同文舘出版

マーケティング・ベーシック・セレクション・シリーズ発刊にあたって

　マーケティング・ベーシック・セレクション・シリーズの発刊には、経営教育総合研究所の主任研究員が携わってきた多数の企業や大学、地方公共団体での講義や研修、上場企業や中小企業へのコンサルティングがベースとなっています。

　マーケティング研修で、受講生に「マーケティング」から連想するキーワードを質問すると「企業戦略」、「販売促進」、「広告宣伝」、「営業担当者の強化」、「Web」、「TVCM」など、さまざまな答えが挙がります。消費者行動や企業活動の多様化に伴い、マーケティングも、さまざまな切り口から考えられるようになりました。

　本シリーズでは、多様化しているマーケティングを下記の12テーマのカテゴリーに分類し、最新事例や図表を使用してわかりやすくまとめています。本シリーズで、各カテゴリーのマーケティング知識を理解し、活用していただければ幸いです。

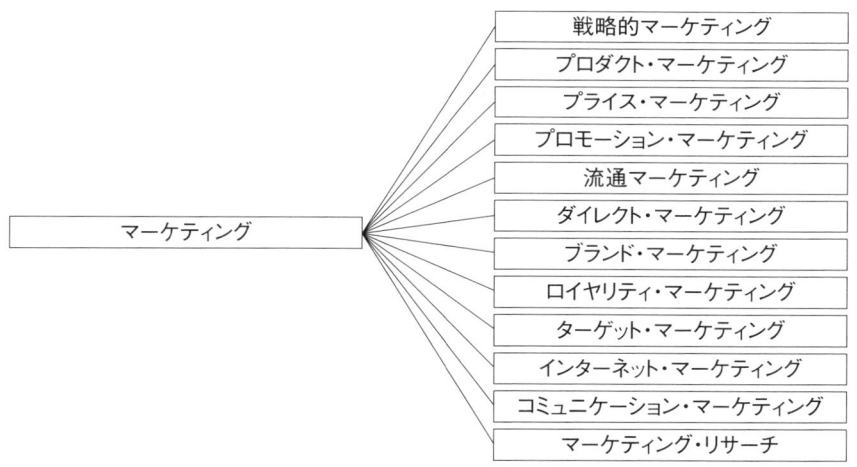

　本シリーズは一般の書籍と異なり、マーケティング・ベーシック・セレクション・シリーズ専用のHPを開設しています。HPでは書籍に書ききれなかった監修者・執筆者のコメントや、マーケティングに関する最新情報を紹介しています。本シリーズで学習したら、下記のHPにアクセスし、さらなる知識を吸収してください。
URL　http://www.keieikyouiku.co.jp/MK

株式会社 経営教育総合研究所
代表取締役社長　山口 正浩

まえがき

　企業が展開するマーケティングの概念は、時代とともにますます広がっています。現在、最も広義のマーケティング概念は、ホリスティック・マーケティングです。ホリスティック・マーケティングとは、ITの普及を背景に登場した新しいマーケティング概念であり、顧客の利益や満足をすべての起点とし、自社の経営資源（内部経営資源）と事業パートナーなどの外部経営資源を有機的・統合的に組み合わせ、全社的視点から長期的なマーケティング展開を図るべきだという考え方です。ノースウェスタン大学ケロッグ・スクールのフィリップ・コトラー教授などが代表的な提唱者です。

　一方、マーケティングが誕生した100年前に遡ると、マーケティングの主要な領域は、製品をいかに作るかという点に注目されていました。ホリスティック・マーケティングの時代にあっても、製品戦略は、企業の中心的な概念であり、メーカーも流通業者もサービス業者も、自社がどのような製品を扱うべきかということについて、日々頭を悩ませています。製品戦略が失敗すれば、マーケティング・ミックスの他の要素がいかに優れていても、市場や社会には受け入れてもらえないからです。

　製品戦略は、なぜ重要なのでしょうか。価値という概念を用いると、簡単に説明することができます。企業のマーケティング活動は、標的顧客の設定とマーケティング・ミックスの構築という2つの活動に大別できます。マーケティング・ミックスは、さらに、価値創造と価値伝達に分けることができます。製品戦略は、価格戦略とともに価値創造戦略の構成要素です。

　価値とは、「製品と価格の差」です。私たちは、のどが渇いたとき、コンビニエンス・ストアで100円で売られているミネラル・ウォーターに手を伸ばします。このとき、「ミネラル・ウォーター＝100円」とい

う等式を頭の中に思い描きますが、私たちの頭に中には、本当は「ミネラル・ウォーター＞100円」という不等式が成立しています。私たちは、「100円よりもミネラル・ウォーターの方がほしい」と考えるからこそ、100円を支払ってでも、ミネラル・ウォーターを購入しようとするのです。

　ミネラル・ウォーター（製品）には、100円（価格）を支払ってでもなお残るだけの「価値」があるということを示しています。「製品－価格＝価値」であり、価値は「製品と価格の差」と表現することができます。

　価値を創造する（価値創造）ためには、製品のレベルを上げるか、価格を下げるかという2つの方向があります。本書では、このうちの前者を扱い、製品のレベルを上げるための方法をいろいろな角度から考えていきます。価格の低下には限界がありますから、価値を高めるためには、製品のレベルを上げることが大切になります。製品戦略が、マーケティング・ミックスの中でも特に重要なのは、価値創造の中心的要素であるためです。

　製品というと目に見え、実際に触れたり持ったりすることができる製品を思い浮かべてしまいますが、本書では、サービス（役務）も対等に扱います。新製品開発にばかり目が行きがちですが、本書では、既存製品の改良についても対等に扱います。

　本書は、メーカーの製品開発部門にいる方のための専門書ではなく、ビジネスや、マーケティングをはじめて学ぶ方を前提に、広く、製品戦略（プロダクト・マーケティング）全般について解説した入門書です。ものづくりを広い目で捉え、体系的に学んでいただくための一冊です。

2010年1月
株式会社経営教育総合研究所
取締役主任研究員　竹永 亮

マーケティング・ベーシック・セレクション・シリーズ
プロダクト・マーケティング● ――――― 目次

PART 1
顧客価値

- section1 顧客価値と製品 …………………………………… 010
- section2 製品の概念と構造 ………………………………… 014
- section3 生産財と消費財 …………………………………… 018
- section4 消費財の分類 ……………………………………… 022
- section5 サービスの特徴 …………………………………… 026
- section6 ニーズとウォンツ ………………………………… 030
- section7 拡張型ドメインの顧客機能 ……………………… 034
- section8 プロダクト・マーケティングの面積的拡大 …… 038

PART 2
プロダクト・マーケティングの意思決定

- section1 プロダクト・マーケティングの全体像 ………… 044
- section2 製品差別化戦略 …………………………………… 048

section3	製品についての意思決定	052
section4	ブランドとブランド・エクイティ	056
section5	ブランドの基本戦略と採用戦略	060
section6	パッケージとラベリング	064
section7	ネーミング	068
section8	保証	072
section9	プロダクト・マーケティングの組織	076

PART 3

新製品開発戦略

section1	新製品開発戦略のプロセス	082
section2	グループ・インタビュー	086
section3	アイディアの創出法① ブレインストーミング法	090
section4	アイディアの創出法② ブレインライティング法	094
section5	アイディアの創出② さまざまなアイディア創出法	098
section6	アイディアのスクリーニング	102
section7	事業性分析	106
section8	製品企画書	110
section9	テスト・マーケティング	114

PART 4
既存製品活性化戦略

- section1 　新製品普及プロセス……………………………………120
- section2 　プロダクト・ライフサイクル理論①
  　　　　　理論の概要……………………………………………124
- section3 　プロダクト・ライフサイクル理論②
  　　　　　導入期と成長期………………………………………126
- section4 　プロダクト・ライフサイクル理論③
  　　　　　成熟期と衰退期………………………………………130
- section5 　製品ライフサイクル延命化戦略……………………134
- section6 　拡張型プロダクト・ポートフォリオ・マネジメント…138

PART 5
プロダクト・マーケティング関連法規

- section1 　知的財産法①　特許法と実用新案法……………………144
- section2 　知的財産法②　意匠法と商標法…………………………148
- section3 　不正競争防止法………………………………………152
- section4 　製造物責任法…………………………………………156

PART 6
プロダクト・マーケティングの事例紹介

- section1　日用品メーカーの製品開発事例 …………………………………162
- section2　家電メーカーの製品開発事例 ……………………………………166
- section3　旅行代理店の製品開発事例 ………………………………………170
- section4　衣料品メーカーの製品開発事例 …………………………………174
- section5　中小企業の製品開発事例 …………………………………………178

装丁・本文DTP●志岐デザイン事務所

section 1　顧客価値と製品
section 2　製品の概念と構造
section 3　生産財
section 4　消費財の分類
section 5　サービスの特徴
section 6　ニーズとウォンツ
section 7　拡張型ドメインの顧客機能
section 8　プロダクト・マーケティングの面積的拡大

PART 1

顧客価値

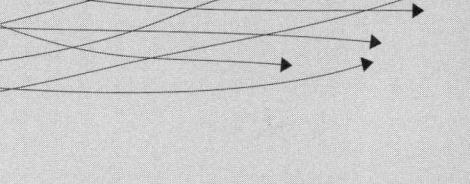

製品・サービス・価値・ニーズとは何か

section 1　顧客価値

顧客価値と製品

　プロダクト・マーケティングの目的は顧客価値の創造です。ここでは、顧客価値の意味と、顧客価値の大きな要素である製品について俯瞰します。サービスや経験といった新しい製品概念についても確認しましょう。

(1) 顧客価値
　顧客価値とは、顧客が企業から受け取ることができる価値の総体（合計）です。顧客価値は、大きく分けて、製品自体の魅力と価格の魅力に分かれます。製品自体の魅力とは、ブランド、機能、デザイン、利便性、品質、使い心地、付随サービスなどです。価格の魅力とは、純粋に値段が安いということの他に、割引制度が充実している、分割支払いが可能である、金利が安い、ポイントが付くなどといった要素も含みます。
　顧客価値は、「製品自体の魅力から価格を差し引いて残るものである」と表現することもできます。本書では、プロダクト・マーケティング（製品戦略）を価値創造戦略の一環として位置づけています。

(2) 製品（product）
　私たちは日常、「製品（product）」あるいは「商品（goods）」という言葉を使います。
　製品とは、製造した品物であり、商売の品物、売買の目的物である財貨です。財貨とは、有価物、すなわち、価値のあるものという意味です。「製品」という集合は、「商品」という集合に含まれます。農産物など「製造されないもの」は「商品」という集合には含まれますが、「製品」と

図 1-01　製品の定義(狭義と広義)

狭義の定義	ニーズやウォンツを満たす目的で市場に提供され、注目・獲得・使用・消費の対象となるすべてのもの
広義の定義	物的生産物・サービス・イベント・人材・場所・組織・アイディア、またはこれらを組み合わせたもの

いう集合には含まれません。「この製品は商品としての価値がない」ということはできますが、逆は成り立ちません。

　本書では、原則として商品となりうる製品を扱い、本文中では、主に「製品」という用語を用います。サービスも広義の製品として扱います。

(3) サービス (service)

　サービスとは、他者に提示できるあらゆる活動またはベネフィット(便益)のことです。AMA（アメリカ・マーケティング協会）では、サービスを「販売のために提供される、あるいは製品販売に関して提供される諸活動、利益、満足である」と定義しています。コトラーはサービスを「基本的に無形かつ所有の対象とならないものを提供する活動である。物理的な製品と結びつけて提供される場合もある」と定義しています。

　銀行、ホテル、税務書類作成、住宅修繕等はすべてサービスです。サービスは本質的に無形であり、長期的に所有されることは少ないという特徴を持っています。

　サービスは図1-02の3つの形態に分類することができます。

　私たちはこれらのサービスを一括りにサービスと呼んでいますが、この3種類のサービスの性格は大きく異なります。本書では、サービスのマーケティングも扱いますが、その場合、原則として独立型サービスを

図 1-02	サービスの3形態
独立型サービス	独立型サービスとは、サービスそれ自体に料金が発生し、独立して取引の対象となるサービスのことです。クリーニングやホテルのサービスは独立型サービスです。
中核便益型サービス	中核便益型サービスとは、物理的製品の中心的な存在意義のことです。化粧品（物理的製品）の場合、肌を美しくすることが中核便益であり、自動車（物理的製品）の場合、人や物を目的地に迅速に送り届けることが中核的な便益に該当します。私たちは、製品の中核的な便益（ベネフィット）をサービスと呼ぶ場合があります。
拡張製品型サービス	拡張製品型サービスとは、製品に付随するサービス（拡張製品）をサービスと呼ぶ場合です。化粧品店で化粧品を購買すれば、メークの方法についての指導を受けることができますし、自動車を購買すれば、一定期間の修理を無料で行ってくれます。これらは購買した物理的な製品に付随しているサービスであり、拡張製品型サービスといいます。

前提に話を進めます。

(4) 経験 (experience)

①経験のマーケティング

　プロダクト・マーケティングにおける経験とは、広義の製品に属する概念で、顧客が外部環境との相互作用の過程を意識化し、自分のものとすることです。リッツ・カールトンの経営理念は、"Memorable Experiences"（思い出に残る経験）です。20世紀末にコトラーは、「経験のマーケティングの時代が到来する」と予言しましたが、この予言は的中しました。

②テーマパークにおける「経験」の提供

　キッザニアは、1999年からメキシコ・日本などで展開されている、子供向けの職業体験型テーマ・パークです。「職業を体験して、ニート防止に繋がる」「大人が自分たちの子供の頃にできなかった職業ごっこを、子供に体験させられる」という期待から、開園以来好評を博している勝ち組テーマ・パークです。

　経験は記憶に残り、個人的なものであり、顧客の意識の中で生まれるため、形成されるまでは時間と手間がかかりますが、一度形成されると、顧客の意識と記憶の中に長期にわたって存在するため、再利用者（リピーター）の創出に大きく寄与します。

(5) 品質（quality）

　品質は、顧客価値を決める重要な要素です。品質には、狭義と広義の2つの意味があります。

　狭義の品質は、欠陥のない状態を指します。「このカメラは3年間一度も故障していない。品質には問題ないと思う」という場合、狭義の品質に対する評価です。

　広義の品質とは、顧客のニーズを満たすことができる製品またはサービスの特徴を総合させたものです。「このカメラは室内で遠くからでも子供の顔がばっちり撮れた。イベントの前に購買して本当によかったよ。なかなかの品質だよ」という場合、広義の品質についての評価です。

section 2　顧客価値

製品の概念と構造

　今日では、製品概念は大幅に拡大されてとらえられるようになりました。コトラーは、著書『マーケティング・マネジメント』の中で、製品を、「注目、取得、使用、消費を目的として市場に提供されるものであり、物的対象、サービス、パーソナリティ、場所、組織、そしてアイディアを含むものである」と定義づけています。

(1) 拡大製品概念
　有能な経営者は、自社で生産する製品を、単なるモノとしてではなく消費者が抱えている問題を解決する便益の束としてとらえています。
　化粧品を購買する女性は、化粧品を単なるモノとしてではなく、「美しくありたい」という問題を解決するための便益の束としてとらえています。
　便益の束とは、製品の中核便益のことです。しかし、消費者の購買を喚起するためには、中核便益だけでは不十分です。中核便益の他に、消費者が店頭で目にすることができる「実態部分」と「付随部分」が必要です。

(2) コトラーの3層構造モデル
　コトラーは、拡大製品概念に従い、広く製品をとらえています。有形財・サービスはもちろんのこと、宗教活動や政治活動（非営利的活動）も製品としてとらえています。
　また、著書『マーケティング原理』の中で、製品を3つの構造に分け

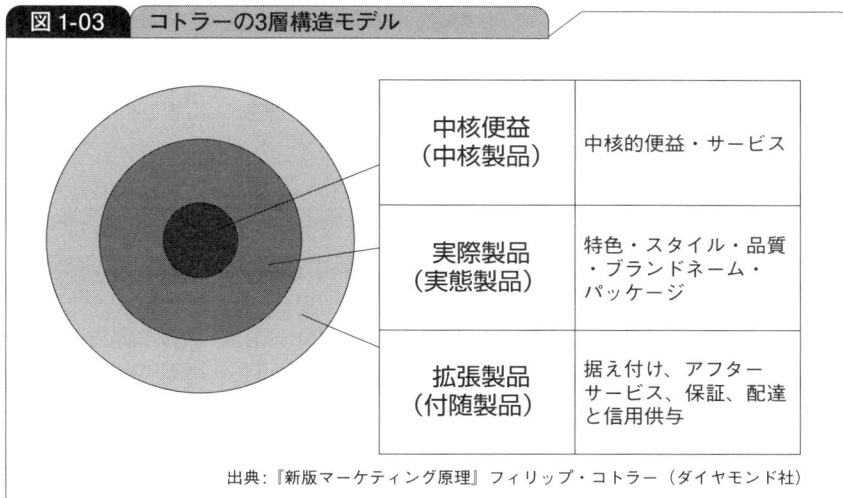

図1-03　コトラーの3層構造モデル

出典:『新版マーケティング原理』フィリップ・コトラー（ダイヤモンド社）

て説明しています。

①中核便益

　中核便益とは、製品の3層構造のうち、「消費者が何を求めて製品を購買するのか」という根本的な質問に答えるものです。女性が口紅や化粧品を購買するのは、その化学的・物理的特性を買いたいのではなく、美しくなりたいという希望そのものがほしいからです。

②実際製品

　実際製品とは、製品の3層構造のうち、中核便益に特色やスタイル、品質、ブランドネーム、パッケージなどの特性が加わり、実体を伴った部分です。サービスの場合、無料であるとか、待ち時間を必要とするというように、ある特性をもって直接的に提供される場合には、実際製品に該当します。

③拡張製品

　実際製品を獲得することによって、受容されたり経験されたりする便益（ベネフィット）の総体が拡張製品です。家具や電化製品の無料配達

や据え付けサービス、クレジット、アフターサービス、メーカーの行う品質保証制度等が該当します。

実際製品の差が小さくなったため、今日の企業間のプロダクト・マーケティング上の競争は、主に拡張製品の中で展開されています。

(3) コトラーの5層構造モデル

コトラーは、著書『コトラーのマーケティング・マネジメント』の中では、さらに細かく製品のレベルを細分化しています。3層構造モデルをさらに発展させた概念です。

コトラーは、図のような5層構造を「顧客価値ヒエラルキー」と呼び、ヒエラルキーのレベルが高いほど優れた製品であるとしています。最

図1-04　コトラーの5層構造モデル

	製品のレベル	概要	事例（ホテルの場合）
1	中核・ベネフィット	製品の最も基本的な次元	休息と眠り
2	一般製品	製品の基本的な形	建物
3	期待された製品	買い手が購買する時に期待する属性と条件の組み合わせ	清潔なベッド、石鹸とタオル、電話、浴室、トイレ、ある程度の静けさ、テレビ
4	拡張製品	競争企業から差別化できるような付加的なサービスとベネフィット	きれいな花、チェックインとチェックアウトの迅速性、おいしい食事、ルームサービス
5	潜在的な製品	製品の将来のあり方	エンターテイメント空間としての役割

出典：『コトラーのマーケティング・マネジメント』フィリップ・コトラー（ピアソン）をもとに作成

高で5つのレベルがありますが、最高レベルの5層構造を持った製品は、競合他社品と比べると強い競争力を持っています。

(4) 実務における製品の拡張概念

コトラーの提唱する3層構造モデルと5層構造モデルのように複雑に考えるまでもなく、製品には構造・レベルがあるということを常に念頭に置くことが、プロダクト・マーケティングの基本です。

物理的な製品にのみ目を向けるのではなく、製品がまとっている間接的な部分（中核便益や拡張製品）に配慮して、マーケティング戦略を立案・策定する感覚が必要です。

突き詰めれば、「モノからコトへ」という感覚が大切です。「モノ」を提供するだけではなく、「コト」を提供する感覚こそが、これからのプロダクト・マーケティングの中心的概念になります。

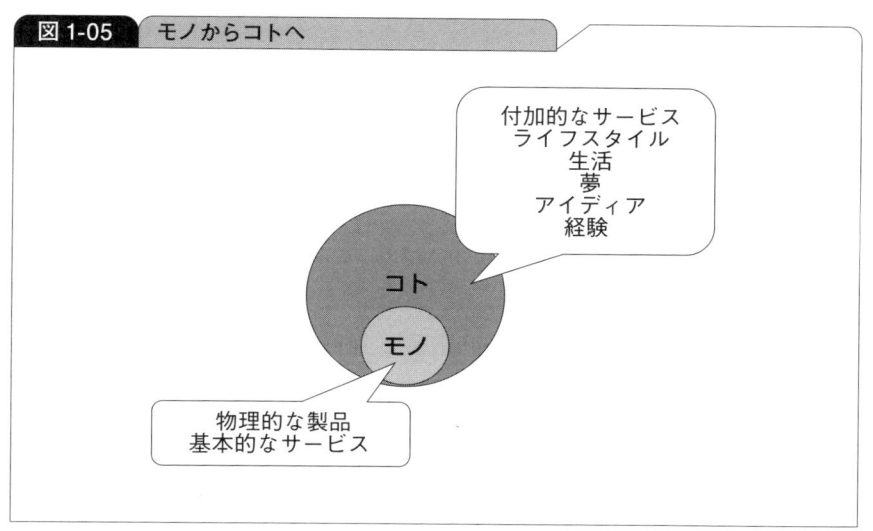

図1-05　モノからコトへ

section 3 　顧客価値
生産財と消費財

　プロダクト・マーケティングを展開する際、開発し、プロモーション（販売促進）を行う製品が、消費財であるか、生産財であるかを確認しなければなりません。ここでは、生産財と消費財という製品の基本的な分類について確認しましょう。

(1) 消費財と生産財
①消費財
　消費財は、消費者が自分で直接、消費したり使用することを目的として購買される製品です。原則として、加工したり、再販売したりして、金銭的な利益を得ることがない製品です。コープランドは、消費者の購買慣習によって、消費財をさらに、最寄品・買回品・専門品の3つに分類しています。
②生産財
　生産財（産業財）は、他の製品を生産するため、あるいは業務活動を行うため、または再販売することによって利益をあげるために、営業用として消費したり使用される製品です。生産財は、その用途によって、「設備品」「原材料」「作業用消耗品」「管理用具」「業務用サービス」に分類されます。

(2) 生産財における需要の逆弾力性
　需要の価格弾力性とは、製品の価格を変化させたときに生じる需要量の変化の割合のことです。通常は、価格の下落に対して需要量は高まり

図 1-06　消費財と生産財(産業財)の特色

	消費財	生産財
購買者	最終消費者	企業・公共機関
市場	水平的・開放的市場	垂直的・限定的市場
生産	大量生産	少量生産・受注生産
製品知識	十分な製品知識は不要	豊富な専門知識が必要
一回の購買量	少量	大量
購買動機	衝動的・感情的・習慣的	計画的・合理的・理性的
購買態度	個人的・感情的・趣味的・嗜好的	製品の能力・生産性・採算性を重視
購買頻度	高い	低い
購買目的	個人的消費満足	使用による利益
需要の価格弾力性	大きい	小さい(短期的には需要の逆弾力性が作用する)

ますが、高まり方は製品によって異なります。

　消費財の場合、購買者である消費者は、「衝動的・感情的・習慣的」な購買動機に従って製品を購買します。価格が高まれば需要は減少し、価格が下落すれば需要は増加します。

　生産財の場合、購買者である企業等は、「計画的・合理的・理性的」な購買動機に従って製品を購買します。ですから、多少価格が変動しても計画は変更せず、弾力性は小さな値になります。

　短期的には需要の逆弾力性が作用します。たとえば、鉄鉱石の価格が上昇しはじめたとき、「このままだともっと上昇する。今のうちにたくさん買い占めておけ」という合理的・理性的意思が働くため、短期的に

は需要が増加します。逆に、鉄鉱石の価格が下落しはじめたとき、「まだ買うな。このままもっと下がるのを待て」という買い控えの意思決定が働き、短期的には需要は減少します。

(3) 生産財の分類

　生産財は、設備品・原材料・作業用消耗品・管理用具・業務用サービスの5つに大別することができます。

　本書では、無形の財も製品とみなすため、業務用サービスを生産財の一部として扱っています。業務用サービスを生産財に加えることには異

図1-07　生産財の分類

生産財の分類		内容	具体例
設備品	主要設備品	固定資産になるような製品	汎用コンピュータ、建設機械
	補助設備品	主要設備品の補助として用いられる材料や備品	什器
製品を構成する原材料	原料	完成品の主体となる原始原料	農産物・鉱産物・水産物
	半製品	一定の加工または精製された材料のことで、構成材料・加工材料・精製材料ともいわれる	鋼材・木材・ガラス
	部品	本質的に形を変えることなく完成品に組み込まれるもの	ビス・ナット・コンデンサー・蓄電池
作業用消耗品		製品の一部にはならないが、経営活動の維持・運営には欠かせない製品	工具、潤滑油、ペンキ
管理用具		事務設備、事務補給品等	パソコン・事務用消耗品
業務用サービス		保守・修理サービス、業務上の顧客サービス等	

論もありますが、サービスを重視する最近のプロダクト・マーケティングの傾向に従い、本書では、生産財の一部としてみなします。

(4) 生産財の購買意思決定プロセス

生産財の購買意思決定は以下の8段階で行われます。消費財の購買意思決定が衝動的・感情的・習慣的であるのとは対照的に、計画的・合理的・理性的に行われます。

図1-08　生産財の購買意思決定プロセス

	段階	内容	購買状況タイプ別の有無		
			新規購買	修正再購買	単純反復購買
①	問題認識 problem recognition	企業の誰かが製品やサービスを獲得することにより解決できる問題またはニーズを認識する段階	有	どちらともいえない	無
②	ニーズの概略説明 general need description	企業が必要とする製品の大まかな特性と数量を明らかにする段階	有	どちらともいえない	無
③	製品仕様の指定 product specification	購買組織が必要な製品について、最良の製品技術特性を決定し、指定する段階	有	有	有
④	供給業者の探索 supplier search	購買者が最も望ましい供給業者を探す段階	有	どちらともいえない	無
⑤	提案の請求 proposal solicitation	購買者が的確な供給業者に提案書を提出するよう求める段階	有	どちらともいえない	無
⑥	供給業者の選択 Supplier selection	購買者が提案書を検討し、供給業者を選択する段階	有	どちらともいえない	無
⑦	発注手続きの指定 Order Routine Specification	選択した1社あるいは複数の供給業者に宛て、購買者が製品仕様、必要数量、納期、返品規約、保証を明示した最終的な注文書を書く段階	有	どちらともいえない	無
⑧	成果の評価 performance review	購買者が供給業者に対する満足度を評価し、取引を継続するか、修正するかを決める段階	有	有	有

PART 1　顧客価値

section 4 　顧客価値
消費財の分類

　消費財を分類する最も一般的な方法は、コープランドが提案した購買慣習による3分類です。彼は、消費財を、最寄品・買回品・専門品の3つに分類しました。

(1) 最寄品（convenience product）

　最寄品とは、消費者が通常、頻繁にその場で購買し、類似品との比較や購買に対して最小の努力しか払わない消費財です。消費者が購買に当たって、比較的労力をかけずに慣習的に購買できる製品です。最寄品に該当する製品は価格が低く、回転率が高いという特徴があります。食料品、化粧品、医薬品、たばこ、米、新聞、ファストフード、クリーニング・サービス、宅配便、自転車修理サービス等が代表例です。

　購買頻度は高く、計画性は少なく（衝動購買が中心です）、顧客の関心は高くありません。生産者による広告等が、プロモーション戦略（販売促進戦略）の中心を占めます。販売チャネルを構築する際には、便利な立地が重要であり、開放的チャネル政策を採用するのが普通です。

図1-09　最寄品のマーケティング・ミックス

価格	相対的に低価格
コミュニケーション	生産者による広告等が中心
チャネル	便利な立地が重要。開放的チャネル政策を利用して販売されることが多い

(2) 買回品（shopping product）

　買回品とは、選択と購買の過程で、顧客が自身への適合性・品質・価格・デザイン・スタイルなどの基準で比較する消費財です。

　衣料品を主体とし、ハンドバッグ、靴、眼鏡、家具、中古車、大型家電、ホテル、結婚式場、レストラン等の製品が代表的です。

　購買頻度は低く、計画性は高く、衝動購買されることはあまりありません。顧客は、買回品を購買するための努力（購買努力）を惜しまず、買回品を購買するために遠隔地まで喜んで足を運ぶ場合もあります。

　価格・品質・スタイル等に基づいてブランド（商標）を比較することはありますが、ブランド名だけを見てすぐに購買することは稀です。

図 1-10　買回品のマーケティング・ミックス

価格	相対的に中価格
コミュニケーション	生産者・小売業者による広告と人的販売
チャネル	少数の店舗で選択的に販売

(3) 専門品（specialty product）

　専門品とは、固有の特性ないしはブランド・アイデンティティーを持つものであり、ある特定の買い手グループがこれを買うために努力を惜しまない消費財です。また、ある消費者が特別の購買努力をして購買する製品です。

　パソコン、高級腕時計、高級車、高額のカメラ、有名デザイナーのブランドの衣類、医師・弁護士の提供するサービス等が該当します。

　消費者は、専門品を購買するに当たって、強力なブランド選考とロイヤルティを持ち、特別な購買の努力を惜しみません。買い手は比較購買行動を起こさず、希望の製品を取り扱う店舗に直接訪問します。価格感応度は低いため、高くても気に入ったものは拒絶せず、購買します。

図 1-11　専門品のマーケティング・ミックス

価格	相対的に高価格
コミュニケーション	生産者と小売業者によるターゲットを絞った販売促進活動 【例】特定の雑誌への広告とパブリシティ、自社HPを用いたイベントの開催告知
チャネル	閉鎖的チャネルが採用され、商圏ごとに1店ないしは少数の店舗で独占販売されることが多い

図 1-12　最寄品・買回品・専門品の特性比較

	最寄品	買回品	専門品
購買頻度	高い	やや低い	低い
購買態度	習慣的・衝動的購買	比較購買	計画購買
購買努力	特にかけない	かなりかける	あまりかけない
商標忠実性	商標選択	商標認知	商標固執
製品単価	低い	やや高い	高い
利益率	低い	やや高い	高い
回転率	高い	やや低い	低い
需要の価格弾力性	小さい	やや大きい	大きい
製品の例	食料品・日用雑貨・医薬品・化粧品	衣料品・電気製品・家具	自動車・高級腕時計・カメラ

(4) 消費財の商標忠実性

　最寄品・買回品・専門品の特性を比較すると、ほとんどの項目で、買回品は最寄品と専門品の中間的な特性を示します。しかし、商標忠実性については、買回品は両者の中間的特性を示しません。

商標忠実性とは、ブランド・ロイヤルティとも呼ばれ、ブランド（商標）に対する消費者のこだわり度合を示す指標です。

　商標忠実性は、一般に専門品が最も高く、商標固執と呼ばれる段階にあります。「スーツはシャネル」「ハンドバッグはエルメス」というように、専門品を購買する際、顧客は商標に強いこだわりをもって製品を選びます。商標忠実性が、次に高いのが最寄品です。商標選択と呼ばれる段階です。私たちが歯磨き粉を購買しようとした場合、何気なく、ドラッグストアでデンターライオンを選んでしまう…という中度のレベルの忠実性です。商標選択段階では、仮にデンターライオンがなかったら、顧客は、わざわざ他店にデンターライオンを求めに行くことはせず、ホワイト＆ホワイトを選びます。商標固執ほど強くはありません。

　商標忠実性が一番弱いのが買回品であり、商標認知という段階です。商標は知っています（認知しています）が、商標だけでは製品をすぐに決めずに、十分に比較購買する（買い回る）という程度のレベルの忠実性です。

(5) 不求品（unsought product）

　不求品（非探索品）とは、消費者がそれを認知していても認知していなくても、普通なら購買しようとは思わない第4の消費財です。消費者がまだその製品の存在を知らないために求めようとしない製品です。コトラーは、第4の分類として取り上げています。

　不求品の具体例としては、以下の2つが代表的です。

①新製品であるためにまだ知られていない製品です。販売促進上は、プル戦略が有効です。

②消費者が知っていても、強力なプロモーションがなければ購買に至らないような製品です。墓石・百科事典・生命保険・高級化粧品等が該当します。販売促進上は、プッシュ戦略が有効です。

section 5　顧客価値
サービスの特徴

　サービスとは、他者に提示できるあらゆる活動またはベネフィットのことです。銀行、ホテル、税務書類作成、住宅修繕等はすべてサービスです。ここでは、サービスの特徴をまとめてみましょう。

(1) 無形性（非物質性・非有形性）

　サービスには形がありません。これを、サービスの無形性（非物質性・非有形性）といいます。物理的な製品のように購買前に見たり、触ったりすることはできません。消費者はサービスの品質を事前に完全に把握することはできません。

　売り手と買い手のコミュニケーションが購買の決め手となります。見えないサービスをいかに見せるか（「可視化」「見える化」）が大切です。口頭で伝えるだけではなく、DVDやストリーミング映像でサービス内容を紹介したり、体験コースや体験講座を設定するといった方法がとられます。

(2) 非貯蔵性（消滅性）

　物理的製品と異なり、サービスは貯蔵・保存し、在庫を持つことができません。これをサービスの非貯蔵性（消滅性）といいます。サービスは提供され、同時に消費されたら、そこで消えてしまいます。

　ホテルの空室はその日に販売できなければ、その損失は永久に補塡することができません。サービス業には、製品を仕入れたり、在庫をかかえたりといった必要がないというメリットもありますが、非貯蔵性によ

る機会損失が起こりうるというデメリットもあります。

(3) 生産・消費の不可分性（同時性・非分離性）

物理的製品は生産と消費の間に経過が伴います。通常、流通過程（卸売段階・小売段階）を経由して消費されます。しかし、サービスは提供されるその場、そのときに購買者である消費者がいないと成り立ちません。これを、サービスの生産・消費の不可分性（同時性・非分離性）といいます。売り手と買い手がサービスの内容に対して互いに影響を与え合う関係になります。

エステサロンでエステのサービスを受ける場合、顧客が施術者に「あなた、とても上手ね。たいへん気持ちがいいわ」と声をかけたとしましょう。気をよくした施術者は、普段は行わないようなサービスを無料でしてくれるかもしれません。結果として、顧客はさらに気をよくし、「また、このエステサロンを使おう」と心に決めるでしょう。生産と消費が同時に行われるサービス業では、売り手と買い手の相互交流が盛んになります。

図 1-13　生産とサービスの不可分性（同時性・非分離性）

生産と消費の不可分性は、売り手と買い手との相互作用を醸成する

(4) 取引の不可逆性

提供されたサービスは返品することはできません。これをサービスの不可逆性といいます。

「覆水盆に返らず」という諺は、サービスにおける取引の不可逆性を表現するのにぴったりです。理髪店で髪を切ってもらった後で、もとの髪型に戻すことはできません。観戦したスポーツの試合で、ひいきのチームが負けたからといって料金を返却してもらうことはできません。

(5) 需要の時期的集中性（変動性）

サービスは、繁閑の差が激しいという特徴をもっています。これをサービスの需要の時期的集中性（変動性）といいます。

夏場には海水浴客でごった返す民宿でも、シーズンオフの冬場には観光客が訪れません。飛行機の利用状況を見ても、早朝は利用者が少ないため、比較的チケットを簡単に確保できます。

需要の時期的集中性に対応するために、売り手は、予約制度や季節割引制度を導入します。航空会社が展開している「早割制度」はその代表例です。予約制度や季節割引制度を導入することで、売り手は需要をある程度コントロールすることができます。

(6) 異質性（品質の変動性）

物理的製品の品質は標準化することが容易ですが、サービスの品質は標準化することが困難です。

同じ美容院でも、ベテラン美容師のサービスは品質が高いのに、新人美容師のサービスはそれに比べると低いのが普通です。

サービスは人的な活動が中心となって提供されるために、標準化が困難です。大量工業製品のように完全な標準化を果たすことは難しいのですが、方法はあります。第一に、サービスのマニュアルを作ることです。

ファストフード店やレンタル・ビデオ店では、マニュアルのおかげで、いつでもほぼ同様のサービスを受けることができます。第二に、従業員の能力開発です。かつては教育訓練という言い方が主流でしたが、現在では、能力開発という表現を用いる企業が増えています。従業員へのトレーニングを行ったり、モチベーションを高めることで、高い水準で従業員の提供するサービスを揃えることができます。

(7) 労働集約性

サービスは、人間の活動に委ねられているウエイトが非常に大きいという特徴があります。ですから、機械設備を使って大量生産し、規模の利益を享受することは難しいのです。

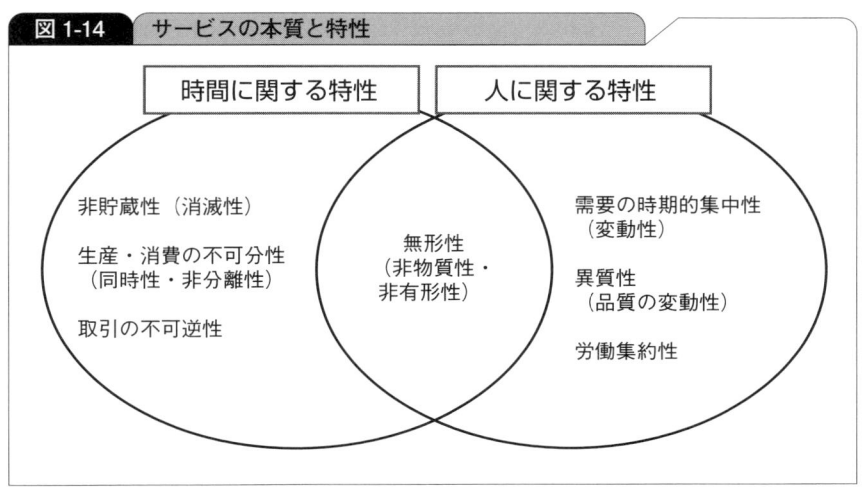

図 1-14 サービスの本質と特性

section 6　**顧客価値**

ニーズとウォンツ

　ビジネスの世界では、頻繁にニーズという用語を使います。「顧客のニーズに基づくサービスの提供に心がけるべきだ」といったフレーズもよく耳にします。ここでは、ニーズという用語のもつ意義について考えてみましょう。

(1) ニーズ (needs)

　ニーズとは、本来、人間が欠乏を感じている状態であり、ウォンツに比べて本質的・目的的な欲求です。「美しくなりたい」「通勤の足がほしい」「家族と話をしながら料理がしたい」といった欲求はすべてニーズです。「化粧品がほしい」「自動車がほしい」「対面型キッチンがほしい」といった欲求はすべてウォンツです。

　ニーズは、顧客の心の奥底に存在することが多いため、顧客自体がニーズに気づいていない場合があります。ニーズが顕在化しており、顧客が認識していることのほうが少ないのです。街でたまたま見つけた雑貨に対してウォンツを感じている顧客は、自らのニーズを認識していません。その雑貨をほしいというウォンツは明らかに持っていても、「その雑貨を家に飾ると他の家具と調和がとれ、落ち着いて安らかな空間が実現する。だから、落ち着きと安らぎを買おう！」というニーズには気づかないまま、漠然と購買することが多いのです。

　店頭で「お客様のニーズは何ですか？」とダイレクトに店員に聞かれても即答できないのは、ニーズが潜在的な性質を持っているからです。

　ニーズは2層構造から成り立っているという考え方を、ニーズ二元論

といいます。

　第一に、顧客は「見かけのニーズ(visible needs)」を持っています。「安全性を考えて、メルセデス・ベンツのクルマを買おう」というニーズです。この場合、メルセデス・ベンツのクルマはウォンツであり、「安全性」が「見かけのニーズ」に該当します。

　第二に、顧客は、「影のニーズ（invisible needs）」を持っています。この顧客の本当のニーズは、「安全性」ではなくて、「高級車に乗って、女性にもてたい！」ということだったとしましょう。影のニーズはアンケートを行ったり、顧客調査を行っても、なかなか出てこないものです。顧客は誰もが、他人にはいいにくいニーズを持っています。ですから、顧客のニーズについてのダイレクトなアンケートをとり、アンケート結果に基づいて製品開発を行ってプロダクト・マーケティングを展開しても、成功しない場合があるのは当然の結果です。

　プロダクト・マーケティングにおいて、「影のニーズ（invisible needs）」を探ることは重要なテーマです。

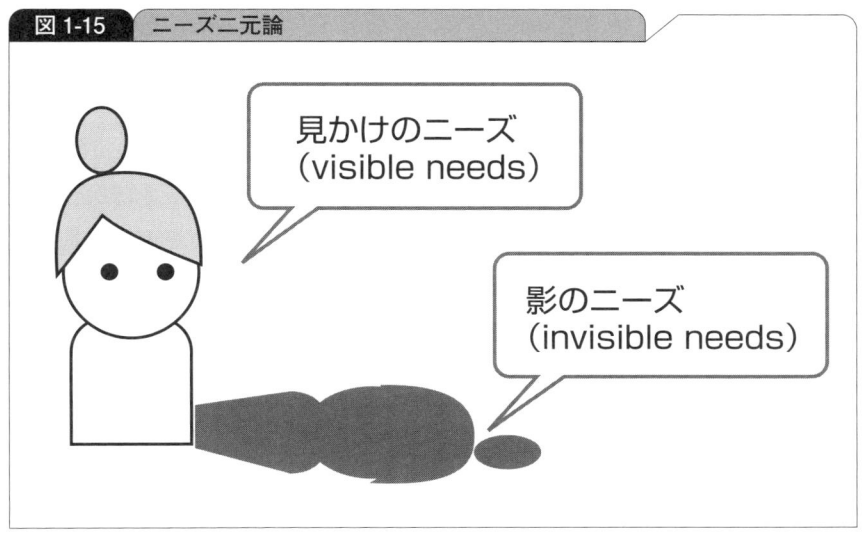

図 1-15　ニーズ二元論

(2) ウォンツとシーズ

ニーズとよく比較される言葉にウォンツとシーズがあります。

①ウォンツ（wants）

ウォンツとは、人間のニーズが文化や個人の人格を通して具体化されたものであり、ニーズに比べて表層的・手段的な欲求です。「化粧品がほしい」「自動車がほしい」「対面キッチンがほしい」といった欲求はすべてウォンツです。

ウォンツは、ニーズと比べると手段的欲求であり、表層的欲求・直接的欲求です。「化粧品」「自動車」「対面型キッチン」はいずれもニーズを実現するための手段であり、ニーズが心の奥底にあるのに対し、ウォンツは心の表層部分にあり、顧客は今自分がどんな製品がほしいのかは直接的に知っています。

「わが社は対面型キッチンを作る会社である」と自社の事業を定義している会社は、ニーズ志向ではなく、ウォンツ志向の会社です。「家族と話をしながら料理がしたい」というニーズに応えることを目的とすれば（ニーズ志向になれば）、対面型キッチンに限定することなく、自由な発想が生まれてきます。人工知能を用いたキッチンを開発すれば、料理にかかる時間を劇的に短くし、結果として主婦が家族と対話する時間を確保することができるようになり、顧客のニーズが実現します。

②シーズ（seeds）

シーズとは、企業が持っており、顧客に提供することが可能な技術・アイディアなどの事業の「種」です。「わが社では、自由に曲がるビニールシートにテレビやパソコンの画面を映し出す技術を開発した。この技術をどのように製品化しようか」と検討しているメーカーがあれば、彼らは優れた事業の「種」、すなわちシーズを持っていることになります。

シーズは、企業起点、技術起点の発想であり、後述するプロダクト・アウトの視点に基づくものです。これに対してニーズは、顧客起点、消

費起点の発想であり、後述するマーケット・インの視点に基づくものです。

(3) プロダクト・アウトとマーケット・イン

シーズとニーズの関係は、プロダクト・アウトとマーケット・インという概念を用いて比較することができます。

①プロダクト・アウト（product out）

プロダクト・アウトとは、和製英語で、製造部門の考えにより製品を製造し販売する技術先行型の発想やビジネス・スタイルのことです。シーズ志向と言い換えることもできます。

「わが社では、自由に曲がるビニールシートにテレビやパソコンの画面を映し出す技術を開発した。この技術をどのように製品化しようか」と検討しているメーカーは、シーズ志向と表現することも、プロダクト・アウト志向と表現することもできます。

②マーケット・イン（market in）

マーケット・インとは和製英語で、製造部門に販売部門を取り込み、市場情報や消費者のニーズに合わせて、企業が製品を開発・供給する市場ニーズ先行型の発想やビジネス・スタイルのことです。ニーズ志向と言い換えることもできます。

「世の中の顧客は、自由に折りたためるテレビやパソコンのディスプレイを必要としている。何かうまいアイディアはないものか」という発想に基づいて、研究開発を続けているメーカーは、ニーズ志向と表現することも、マーケット・イン志向と表現することもできます。

section 7　顧客価値
拡張型ドメインの顧客機能

　エイベルの提唱したドメインという概念は、企業の経営戦略やマーケティングを考える上で重要です。ドメインの中で、エイベルは製品を「企業が顧客のニーズに応える機能」、すなわち顧客機能と表現しました。

(1) エイベルのドメイン
　ドメインとは、企業の経営理念や経営目標を達成するために必要な、自社が生存していくべき事業領域のことであり、経営戦略の中核をなす概念です。「ドメインを定義すること」とは、自社の事業領域を特定化することです。
　ドメインを提唱したエイベルは、ドメインは以下の3つの次元からなるとしました。
① 誰に（Who）：自社のターゲットとすべき「標的顧客」（C:Customer）
② 何を（What）：標的顧客が何を求めているのかという「顧客機能」（F:Function）
③ どのように（How）：顧客ニーズを満足させるために、自社がどのような経営資源の強みで対応できるかという「独自技術（独自能力）」（T:Technology）

　上記の3つの次元を用いると、さまざまな企業の事業内容を明確に定義することができます。数学で、x,y,zの3つの軸を用いると空間座標を定めることができますが、それと似ています。
　ドメインの再定義とは、経営理念を実現し、経営目標を達成するため

図 1-16　ドメインの3次元

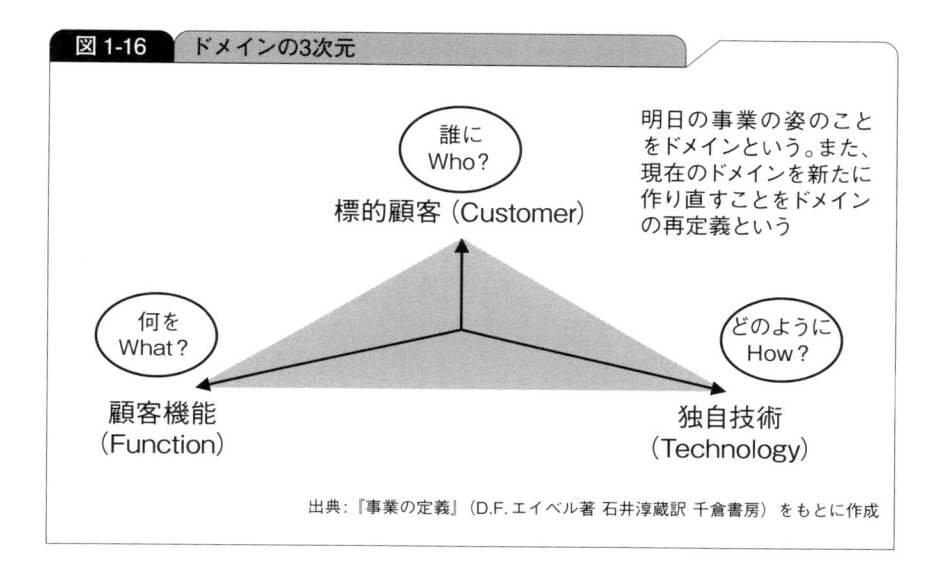

誰に
Who?
標的顧客（Customer）

何を
What?
顧客機能
（Function）

どのように
How?
独自技術
（Technology）

明日の事業の姿のことをドメインという。また、現在のドメインを新たに作り直すことをドメインの再定義という

出典：『事業の定義』（D.F.エイベル著 石井淳蔵訳 千倉書房）をもとに作成

に、将来に向かって、現在のドメイン（「①誰に（Who）、②何を（What）、③どのように（How）提供していくか」）を変更することです。

(2) 拡張型ドメイン

エイベルのドメインは優れたモデルですが、現在の経営戦略やマーケティングに活用する際には、少し修正し、概念を拡張する必要があります。

①顧客機能の拡張

第一に顧客機能の拡張です。顧客機能は、企業が顧客のニーズに対し、何が提供できるかという次元です。顧客機能はこれまで、企業が提供できる物理的な製品と同義であるとされてきました。「わが社はどんな製品が提供できるか」「顧客はどんな製品をほしがっているか」に対する企業としての答えです。これは、シーズ志向、ウォンツ志向の考え方であり、今やニーズ志向とはいえません。

真の意味で、顧客機能が顧客ニーズへの対応であるならば、顧客機能

は単なる「モノ」(物理的製品)の提供だけにとどまらず、その周囲にある「コト」の提供を含む概念である必要があります。

「その雑貨を家に飾ると他の家具と調和がとれ、落ち着いて安らかな空間が実現する。だから、落ち着きと安らぎを買おう！」と感じているのであれば、「雑貨」を提供する(「モノ」の提供)だけではなく、「落ち着きと安らぎ」を提供すべき(「コトの提供」)であるという考え方です。

「コト」とは、物理的製品を製造・販売することによって間接的に顧客に提供することができるサービス、アイディア、生活、ライフスタイル、夢、経験、時間、空間などの総称です。現代の企業のプロダクト・マーケティングでは、「モノからコトへ」という拡張型顧客機能の提供が不可欠です。

②独自技術の拡張

第二に独自技術の拡張です。エイベルの提唱したドメインでは、独自技術は、顧客機能(物理的製品)を提供するために企業が保持していなければならない知識やノウハウを指していました。独自技術は、コア・コンピタンス(中核的能力)とも呼ばれています。町一番のラーメン店が持つ秘伝のスープの味も、コカ・コーラの原液の成分情報も、独自技術であり、コア・コンピタンスです。

しかし、顧客機能を実現するために企業が保持しなければならないのは、独自技術だけではありません。一般に、経営資源は、ヒト(人材)、モノ(設備)、カネ(資金)、情報・ノウハウなどに分類できます。事業を定義するためには、独自能力だけではなく、経営資源全体を明らかにする必要が生じてきました。

拡張型ドメインでは、顧客機能を提供するために企業が保持すべきなのは、独自能力のみならず、独自能力を含む経営資源全体を第三の次元として採用します。

プロダクト・マーケティングを演劇にたとえるなら、顧客機能は「役者」

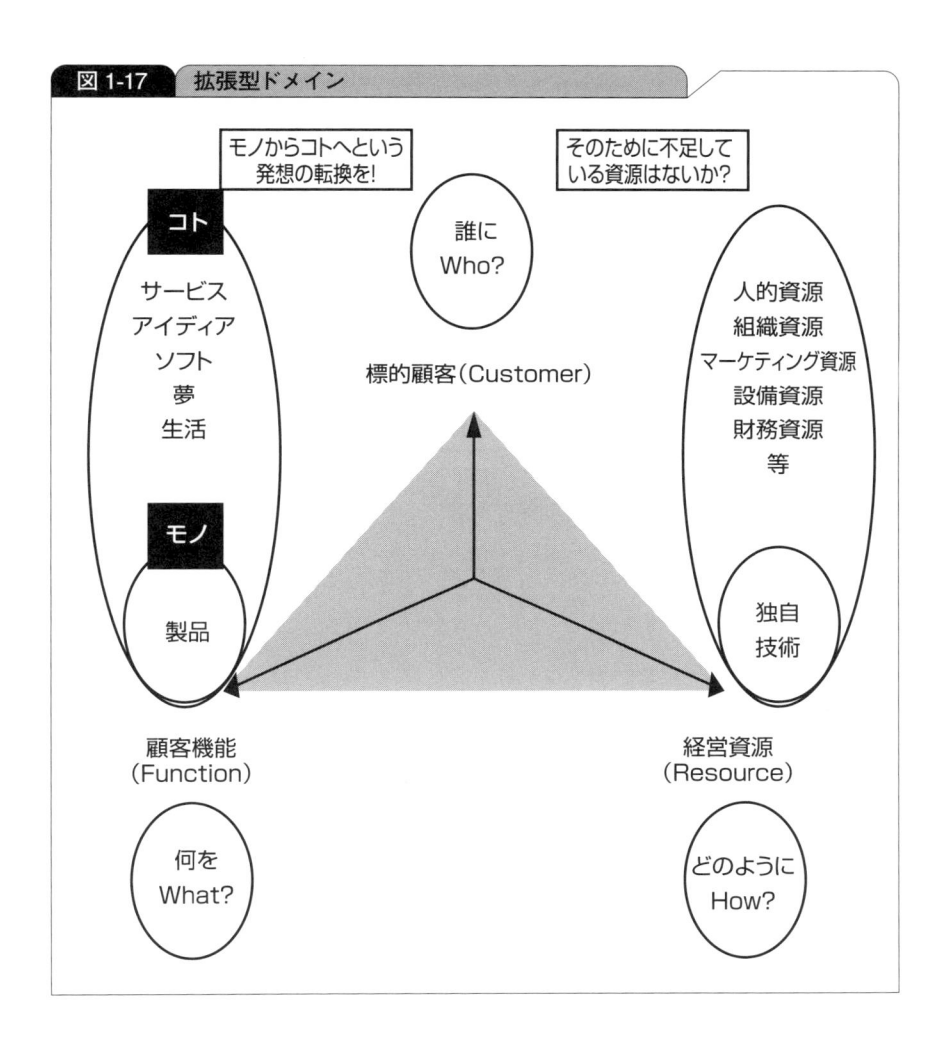

図 1-17　拡張型ドメイン

モノからコトへという発想の転換を！

そのために不足している資源はないか？

コト
サービス
アイディア
ソフト
夢
生活

モノ
製品

誰に
Who?

標的顧客(Customer)

人的資源
組織資源
マーケティング資源
設備資源
財務資源
等

独自
技術

顧客機能
(Function)

何を
What?

経営資源
(Resource)

どのように
How?

であり、経営資源はその役者をバックアップする「黒子・スタッフ」に該当します。黒子やスタッフが影でさまざまな努力（企業努力）を重ねることにより、顧客機能（物理的製品であるモノとその背後にあるサービスやアイディアのようなコト）の提供が可能になります。

section 8　顧客価値

プロダクト・マーケティングの面積的拡大

　企業がプロダクト・マーケティングを展開する際にはいくつかの方向があります。ここでは2つの方向について考えてみましょう。

(1) プロダクト・マーケティングの面積的拡大

　企業がプロダクト・マーケティングを展開する際、その方向は大きく2つに分けることができます。第一の方向は、「モノからコトへ」という発想であり、第二の方向は「新製品開発戦略と既存製品活性化戦略のバランス」という発想です。

　前者はプロダクト・マーケティングの水平的な展開であり、後者は製品戦略の時系列的な展開です。両者を組み合わせることにより、企業のプロダクト・マーケティングは、面積的拡大を果たすことができます。

図 1-18　プロダクト・マーケティングの面積的拡大

		製品の新旧	
		既存製品活性化	新製品開発
顧客機能の幅	モノの提供	【例】 既存製品の機能追加	【例】 新製品の開発
	コトの提供	【例】 既存製品に付随するサービスの開発	【例】 新製品とともに提供できるライフスタイルの提案

（2）モノからコトへ

　第一の方向は、「モノからコトへ」です。プロダクト・マーケティングで重要なのは、ニーズ志向の発想であり、「モノからコトへ」という顧客機能の転換にあります。

　東京西部にある家電量販店Ａ社では、従来、家電製品を販売することに重点を置いてきました。店舗間の競争が激化する中で、インターネットによる通販をはじめるようになったときに、Ａ社の顧客機能は大きな転換期を迎えます。

　家電にあまり詳しくない方に対して徹底的な質疑応答体制をとろうという試みです。電子メールを経由して寄せられる毎日数百通におよぶ質問に24時間以内に対応し、回答するために、専門部署を設け、大幅な人員増加を図りました。

　家電を販売するだけではなく、家電についての細かい質疑への対応を提供しようという顧客機能の転換の実現です。

　家電量販店の店舗販売では、ローコスト・オペレーションを実現するために、店員の数が常に不足しがちです。土日などの繁忙期には、店員を捕まえて質問しようと思っても質問できず、あきらめて何も買わずに帰ってしまう顧客がいました。しかし、インターネット通販では、24時間という猶予時間があるために、顧客の質疑に確実に回答することができるようになりました。

　インターネット通販の売上はうなぎ登りとなり、数年で店舗販売と並ぶＡ社の一大事業に成長しました。

　本来は家電に詳しくない初心者のためにスタートしたサービスですが、リサイクルや環境問題にこだわりのある家電上級者からも評価されています。「この型番の冷蔵庫は年間でどれくらいのCO_2を抑制するのか」「このエアコンの部品のリサイクル率はどれくらいなのか」といった高度な質問にも対応する姿勢が認められ、比較購買を好み、都心の大

図1-19　A社のインターネット通販事業のドメイン

- 標的顧客 → 量販店のサービスに満足できない家電初心者・家電こだわり派
- 顧客機能 → 家電製品の販売のみならず家電に対する懇切丁寧な情報を提供
- 経営資源 → 1日400通に及ぶ電子メールに専任の担当者がきちんと調べ、すべて人の手によって返答している

家電生活そのものの提供

ここが顧客を獲得し、業績を伸ばすポイント

モノの提供でなくコトの提供！

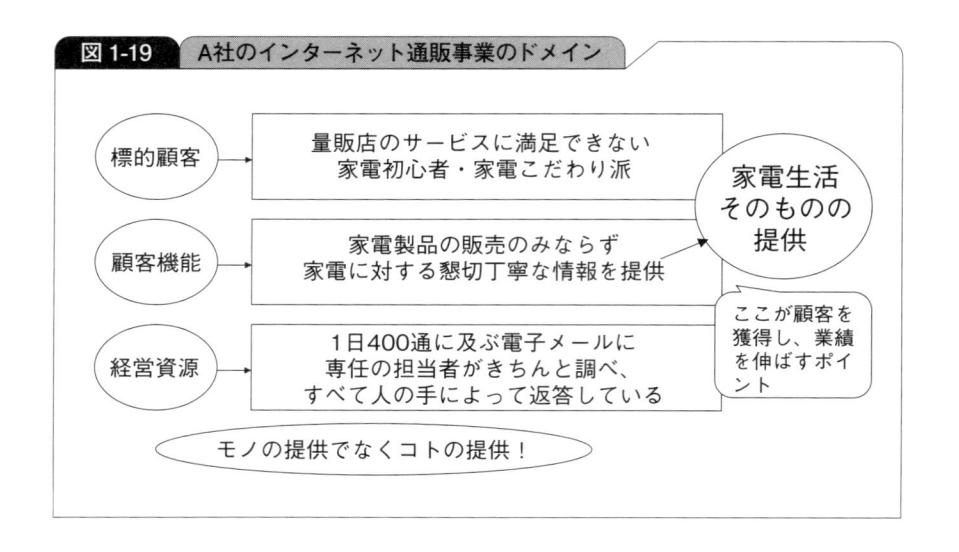

型店で購買していた客層を取り込むことにも成功しています。

(3) 新製品開発と既存製品活性化

　プロダクト・マーケティングの第二の方向性は、「新製品開発戦略と既存製品活性化戦略とのバランス」です。

　多くの企業では、新製品の開発に全力を注ぎます。ある旅行代理店の営業会議の事例ですが、旅行商品の開発担当者から営業部門の社員に対して商品説明を行う場合、実に90％の時間が新製品の説明に終始します。時間が長いだけではなく、パンフレットや商品テキストなどの社内媒体も分厚いものが用意され、開発担当者は時間を目一杯に使い熱弁をふるいます。これに対し、以前から存在する旅行商品の説明は一部変更になった点などは説明がありますが、短時間で、消極的な説明に終わります。

　会議終了後、会議の主催部門の責任者に、「御社の売上構成は新製品と既存製品ではどちらが高いのか」とたずねたところ、「五分五分です」という回答が返ってきました。新製品と既存製品の売上構成が五分五分

であるとすると、会議時間の大半を占め、多額のコストを使ってパンフレットや商品テキストを作成している新製品のほうが利益率は低くなります。

新製品中心のプロダクト・マーケティングは、新鮮で、期待も大きく、社内の士気（モラール）を高める効果がありますが、開発費やプロモーション費がかさみます。新製品は「問題児（problem children）」型の製品となっていることが多いのです。「問題児」についてはPart4 section6の「拡張型プロダクト・ポートフォリオ・マネジメント」で詳述します。

一方、既存製品中心のプロダクト・マーケティングは、地味ながら、すでに開発コストを償却し、プロモーションにも大きな出費が必要ないため、高い利益が期待できます。既存製品は、企業の「金のなる木（cash cow）」型の製品となっている可能性があります。

どちらがよい悪いという問題ではなく、プロダクト・マーケティングでは、両者の組み合わせ（プロダクト・ポートフォリオ・マネジメント）が重要です。これについては後述します。

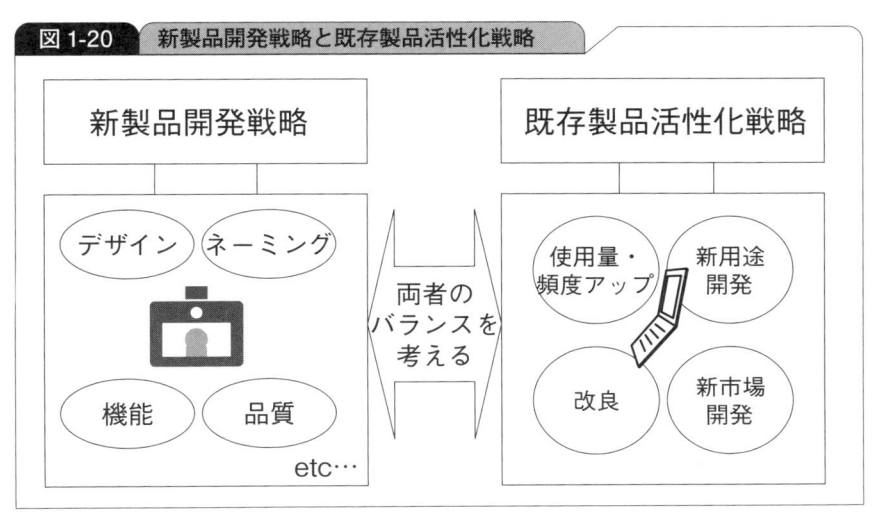

図 1-20　新製品開発戦略と既存製品活性化戦略

新製品開発戦略
- デザイン
- ネーミング
- 機能
- 品質
- etc…

両者のバランスを考える

既存製品活性化戦略
- 使用量・頻度アップ
- 新用途開発
- 改良
- 新市場開発

PART 1　顧客価値

section 1　プロダクト・マーケティングの全体像
section 2　製品差別化戦略
section 3　製品についての意思決定
section 4　ブランドとブランドエクイティ
section 5　ブランドの基本戦略と採用戦略
section 6　パッケージングとラベリング
section 7　ネーミング
section 8　保証
section 9　プロダクト・マーケティングの組織

PART 2

プロダクト・マーケティングの意思決定

ものづくりにおける
重要な意思決定項目を
学ぶ

section 1　プロダクト・マーケティングの意思決定

プロダクト・マーケティングの全体像

　ドラッカーによれば、マーケティングの究極の目的は顧客の創造にあります。そのためには、顧客に提供できる価値を高めなければなりません。

(1) プロダクト・マーケティングの定義
　プロダクト・マーケティングは、企業の価値創造戦略の一翼を担う製品開発戦略の別名です。顧客価値を高めるために企業が製品に対して行うさまざまな努力の総称です。

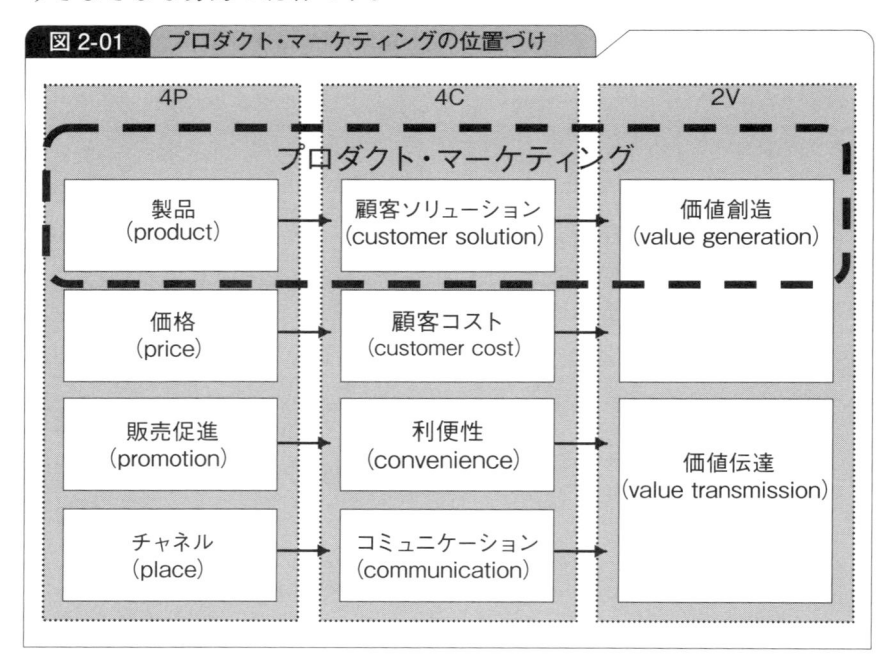

図 2-01　プロダクト・マーケティングの位置づけ

4P	4C	2V
製品 (product)	顧客ソリューション (customer solution)	価値創造 (value generation)
価格 (price)	顧客コスト (customer cost)	
販売促進 (promotion)	利便性 (convenience)	価値伝達 (value transmission)
チャネル (place)	コミュニケーション (communication)	

（プロダクト・マーケティングは、4Pの製品、4Cの顧客ソリューション、2Vの価値創造を囲む範囲）

(2) プロダクト・マーケティングの2つの方向性

プロダクト・マーケティングには2つの方向性があります。

「プロダクト・マーケティングの面積的拡大」の項で説明したとおり、「モノからコトへ」という視点・発想と、「新製品開発と既存製品活性化のバランス」という視点・発想です。これらを組み合わせることで、企業のプロダクト・マーケティングの方向が定まります。

(3) プロダクト・マーケティングの意思決定

企業の経営者やプロダクト・マーケティングの責任者にはさまざまな意思決定が要求されます。製品品質、製品のスタイルとデザイン、ブランドとネーミング、パッケージとラベリング、製品サポート・サービスの内容・レベル、製品同士の組み合わせ（製品ミックス、プロダクト・ポートフォリオ・マネジメント）など、多岐におよびます。

製品の差別化が困難になっている現代の企業間競争では、これらの意思決定一つひとつの組み合わせにより製品差別化戦略が実現します。

製品差別化の方向が決まれば、次にプロダクト・マーケティングを担当する組織と部署を決定しなければなりません。機能別組織であれば常設の製品開発部門がその任に当たりますが、この他にも事業部制組織、プロダクト・マネジャー組織などのいろいろな選択肢があります。最適な組織構造を選択し、担当部署を決定します。

(4) 新製品開発戦略

新製品開発戦略は、時系列・意思決定の順番に従って俯瞰します。

担当者間で知恵を絞り、アイディアを創造します。グループ・インタビューやブレインストーミング法など有効な技法がたくさんあります。創出したアイディアを選別・評価し、アイディアの実現可能性を探るため、事業性の分析を行います。生き残ったアイディアは正式に採用され、

本格的な新製品の開発に移ります。完成した製品はテスト・マーケティングを経て、市場投入します。

(5) 既存製品活性化戦略

　既存製品活性化戦略の要となる理論はプロダクト・ライフサイクル理論です。人間の一生と同じく、製品にも一生があるという考え方です。通常、製品は、導入期・成長期・成熟期・衰退期の4段階を経ます。各々の段階でどのようなマーケティング戦略を展開するのが最善か、本書ではプロダクト・マーケティングを中心に見ていきます。

　人間は医療によって寿命を長らえることができますが、製品にもプロダクト・ライフサイクルを長期化する方法（延命策）が存在します。成熟期を迎えた製品にどのような延命策を施すべきかを確認します。

(6) プロダクト・マーケティング関連法規の知識

　企業がプロダクト・マーケティングを展開する際に、法律に関する知識も不可欠です。本書では、知的財産法（特許法、実用新案法、商標法、意匠法）、不正競争防止法、製造物責任法を扱います。

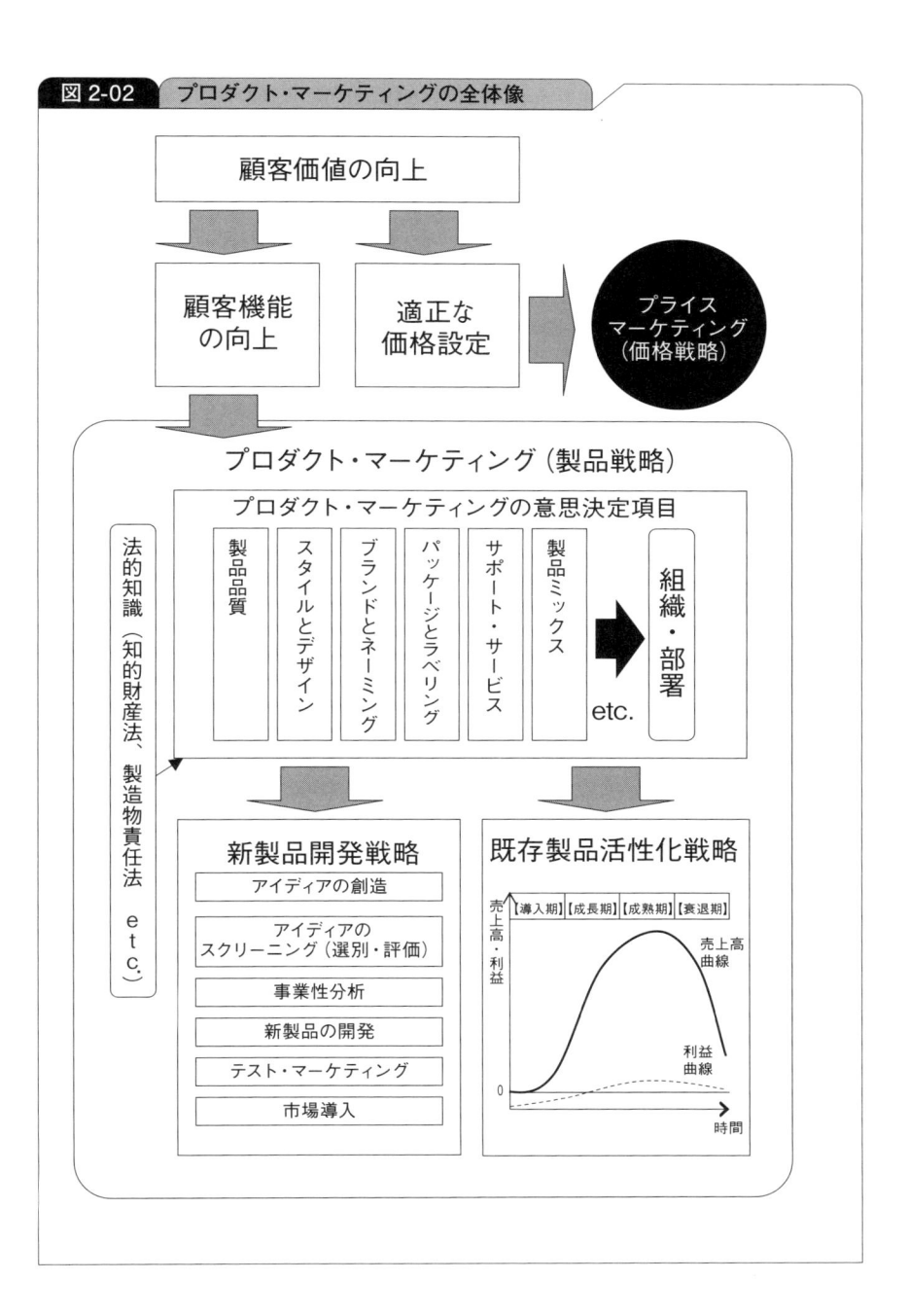

図 2-02　プロダクト・マーケティングの全体像

顧客価値の向上
↓
- 顧客機能の向上
- 適正な価格設定
→ プライス・マーケティング（価格戦略）

↓

プロダクト・マーケティング（製品戦略）

プロダクト・マーケティングの意思決定項目

| 製品品質 | スタイルとデザイン | ブランドとネーミング | パッケージとラベリング | サポート・サービス | 製品ミックス | → 組織・部署 |

etc.

法的知識（知的財産法、製造物責任法 etc.）

↓

新製品開発戦略
- アイディアの創造
- アイディアのスクリーニング（選別・評価）
- 事業性分析
- 新製品の開発
- テスト・マーケティング
- 市場導入

既存製品活性化戦略

【導入期】【成長期】【成熟期】【衰退期】
売上高・利益／時間
売上高曲線
利益曲線

section 2　プロダクト・マーケティングの意思決定

製品差別化戦略

　同一の業界内において、企業間の製品の機能面にあまり差異がない場合、価格競争は競争者相互に不利益をもたらします。このような状況に陥った場合、企業は製品差別化戦略を展開します。

(1) 製品差別化

　製品差別化とは、同一の業界内において、企業間の製品の機能面にあまり差異がない場合、自社製品を他社製品から区別させるため、品質、デザイン、イメージ、ブランド、包装、販売条件、付帯サービスなどの特徴を付け加え、この特徴を買い手に強調することです。

　業界内の製品が品質、デザイン、イメージ、ブランド、付帯サービスなどで差別化されている場合、それは新規参入企業にとって大きな参入障壁となります。

　特に差別化された製品が、強力なブランドイメージを持ったブランド・エクイティ（ブランド資産）を確立している場合、新規参入は困難をきわめます。

　D.A.アーカーは、「ブランド・エクイティ（ブランド資産）とは、ブランド・ロイヤルティ、ブランド知名、知覚品質、ブランド連想などから構成されるものであり、ブランドの総合力を表す概念である」としています。

　コカ・コーラは、強力なブランド・エクイティを持ち、他社のブランドから差別化されています。コカ・コーラの業界へ新規参入することは非常に困難です。

(2) 製品差別化の訴求点

　企業は製品ライフサイクルにおける成長期のはじめの時期には、性能や機能など製品の属性で差別化を図ります。しかし、しだいに消費者が受け取るイメージの面で差別化を図るようになります。

　製品の競争が行き着くところまで行くと、製品間の性能や機能が均質化、平準化し、本来的に製品がもつ機能では差別化を図ることが困難になるからです。消費者も、製品相互間のわずかな違いを非常に気にするようになります。

　企業が製品差別化を図る場合、競合製品との差別化のポイントを、自社製品のどの部分にもたせて消費者に訴求していくのかが重要になります。

　一般的な製品差別化の訴求点は、下図の3つです。

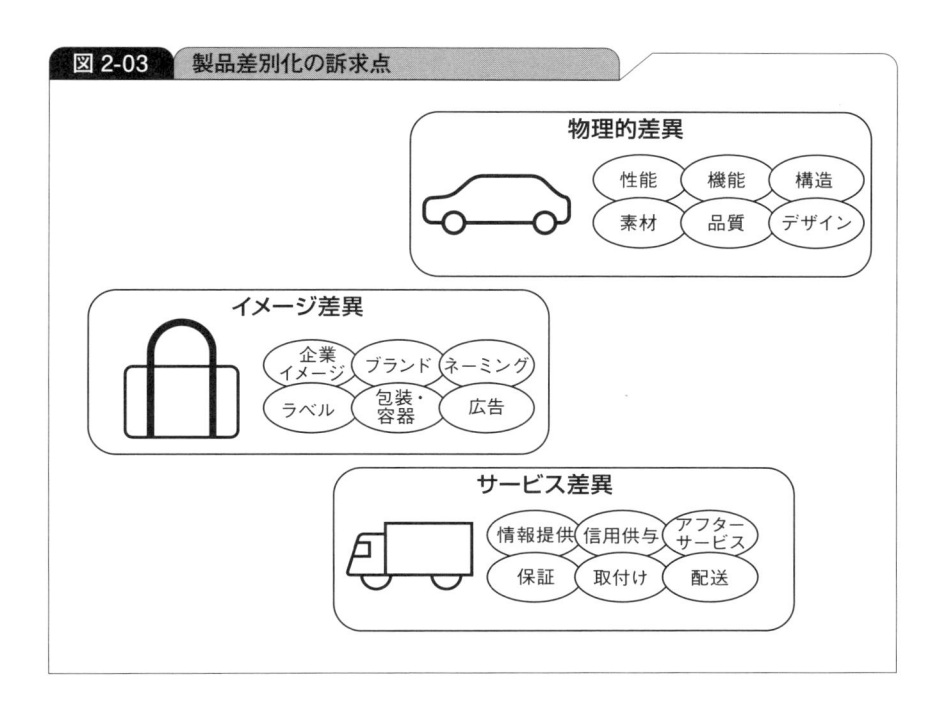

図 2-03　製品差別化の訴求点

物理的差異
- 性能
- 機能
- 構造
- 素材
- 品質
- デザイン

イメージ差異
- 企業イメージ
- ブランド
- ネーミング
- ラベル
- 包装・容器
- 広告

サービス差異
- 情報提供
- 信用供与
- アフターサービス
- 保証
- 取付け
- 配送

PART 2　プロダクト・マーケティングの意思決定

(3) 差別化戦略の方法

差別化戦略の具体的な方法には、次のようなものがあります。

①多機能化・高級化

競合製品と区別できるような副次的な機能や品質の特徴を創造する方法です。価格を高くすることができる点が企業にとってのメリットになります。多機能化・高級化は、消費者にとって最もわかりやすい差別化戦略で、いくつかの要素の組み合わせから消費者が望む組み合わせが選択されるなど、コモディティ化（日用品化）の進んだ家電製品やパソコンでよく採用される戦略です。停滞した市場の活性化を狙い、話題づくりのために多機能化や高級化を進める企業もあります。

②付加価値・ネームバリュー

製品の宣伝に有名タレントやスポーツ選手を起用し、象徴的なイメージに訴えて強調する方法です。タレントや選手のもつイメージが製品に付加価値を与え、ネームバリューを高めます。カメラ・メーカーのニコンは年配の男性にはおなじみのブランドですが、俳優の木村拓哉をCMに起用することで、木村氏にあこがれる若い世代の顧客の発掘に成功しました。

③ブランド化

製品の色やデザイン、ブランド、製品のパッケージを競争製品より魅力的なものにする方法です。ブランド化は、高級化・高価格化につながるだけではなく、製品群として関連製品がある場合に、統一されたイメージを形成すること（ファミリーブランド）で、セット販売を促進することができるというメリットも生まれます。化粧品ではブランドという枠によって、洗顔料から化粧水・整髪料など共通化されたパッケージと製品イメージで、普段は単品でしか買わない消費者に、ブランド全体を売り込むことが可能となります。消費者は気に入ったらそのまま継続購買するため、売れ筋商品群に成長します。

④付加価値サービス

　製品の保証や無料配送サービスなどを競争製品より手厚く行う方法です。家電製品や乗用車などの耐久消費財では、保証期間を延長するなどの方法も見られます。アップルコンピュータが、iMac発売の際に行ったり、輸入車ディーラーが頻繁に展開する低金利ローンのような、購買しやすいように便宜を図る工夫も差別化につながります。

　差別化戦略が失敗した場合、市場の需要と供給の関係に基づき製品の価格のみで売れる数が決まる価格競争に直面します。価格競争は利幅を圧迫するため、企業の体力を奪うというリスクもあります。

section 3　プロダクト・マーケティングの意思決定

製品についての意思決定

　企業がプロダクト・マーケティングを展開する上で、経営者や事業責任者が行うべき意思決定項目には、①製品品質の決定、②スタイルとデザインの決定、③ブランドとネーミングの決定、④パッケージとラベリングの決定、⑤製品サポート・サービスの決定、⑥製品ミックスの決定などがあります。

(1) 製品品質の決定
①製品品質
　製品品質（product quality）とは、製品がその機能を果たす能力であり、製品全体の耐久性・信頼性・精度・操作・修理のしやすさなどの価値ある属性を含む概念です。狭義の品質は、欠陥のない状態を指します。広義の品質は、顧客のニーズを満たすことができる製品、またはサービスの特徴を総合させたものです。

　製品品質の決定項目には次のようなものがあります。

図 2-04　製品品質の決定項目

品質のレベル	パフォーマンス（製品がその機能を果たす能力）のレベルをどの程度に設定するかという意思決定
品質の一貫性	目標レベルのパフォーマンスをどの程度一貫して提供するか、すなわち欠陥のレベルをどの程度に低減するかという、ばらつきの程度についての意思決定

②総合的品質管理（TQM）（total quality management）
　総合的品質管理は、企業が、全社的に品質管理や業務の質の向上を目指す経営手法であり、業務のあらゆる段階で、製品のプロセスの質を継続的に改善しようとする努力です。欠陥をなくすことではなく、企業が提供する価値を高め、顧客の満足度を高めることが最大の目的です。
③企業における品質の定義の事例
　世界中の企業が、独自の方法で品質の定義を行っています。これらは外部向けに発信された、企業の製品品質の決定です。
「顧客が気に入らなければ、それは欠陥品である」（モトローラ）
「品質とは、顧客は帰ってくるが、製品が返ってこないことである」（シーメンス）

(2) スタイルとデザインの決定
①デザインとスタイル
　デザイン（design）とは、スタイルよりも広い概念であり、表面的なものではなく、製品の本質そのものに迫る概念です。デザインがよければ製品の外見がよくなるだけではなく、実用性も高まります。
　スタイル（style）とは、デザインよりも狭い概念であり、単に製品の外見を表す概念です。
②デザインの決定
　製品のデザインは、芸術性を重んじるあまり機能性に欠けては意味がなく、機能性を重視するあまり経済性が損なわれても意味がありません。製品のデザインは「機能、美しさ、経済性」の3つが有機的に統合され、生産者、消費者の両者に満足を提供するものでなければなりません。

(3) ブランドとネーミングの決定
　ブランド（brand）とは、製品やサービスの生産者や売り手を識別す

る名称、言葉、記号、シンボル、デザイン、またはそれらの組み合わせです。ネーミング（naming）とは、製品やブランドに名前をつけることです。

(4) パッケージングとラベリングの決定
①パッケージング（packaging）

パッケージングとは、製品を入れる容器や包装紙をデザインし、生産する活動です。時代の変化とともに、パッケージに求められる機能は変化しています。従来は、製品の包装と保護が重視されてきましたが、今や、情報伝達ツールとしての役割が大きくなっています。

図 2-05　パッケージングの種類

種類	意味	例
1次パッケージ	製品を直接入れる容器	インクを入れる瓶
2次パッケージ	製品が使用されるときに捨てられるパッケージ	インク瓶を入れる紙箱
輸送パッケージ	保守・荷物の識別・製品の輸送などのために必要とされるもの	インク瓶を1ダース入れる、緩衝材入りの段ボール箱

②ラベリング（labeling）

ラベルは、パッケージの一部であり、パッケージないしはそれに付随して印刷された情報です。

(5) 製品サポート・サービスの決定

企業は、顧客に対するさまざまなサポート・サービスの価値を評価した後、これらのサービスを提供するためのコストを査定しなければなり

ません。

　製品サポート・サービスのポイントは、「感動」「オンリーワン」「エクセレント」を感じることができる経験をもたらすことです。

　キャデラックは顧客へのインタビューに基づき、各ディーラーと10名のエンジニア・グループとを直接結ぶシステムを構築し、難しい修理の場合、そのエンジニアが修理工を支援するシステムを導入しました。積水化学は、顧客と経営トップが話し合う機会を増やすため、施工終了後に顧客の自宅を訪ね、顧客の要望をうかがう制度（CATミーティング：customer and top meeting）をスタートしました。

　製品サポート・サービスとして、顧客に「感動」「オンリーワン」「エクセレント」を感じさせるための方法のひとつに返品保証がありますが、これについては後述します。

(6) 製品ミックスの決定

①製品アイテム

　製品アイテムとは、同じような種類の製品グループのことです。品目と訳されます。

②製品ライン（product line）

　製品ラインとは、①同じような機能を果たしているか、②同じような顧客グループに購買されているか、③同業態の店舗を通じて販売されているか、④同一価格帯に属しているかという理由により、互いに密接に関わり合っているひとつの製品群です。

③製品ミックス（製品アソートメント）

　（product mix/product assortment）

　製品ミックスとは、ある特定の販売業者が顧客に販売するために提供する製品ラインおよび製品アイテム（品目）の集合です。経営者や事業責任者は、どのような製品ミックスを組むのかを決定します。

section 4 　プロダクト・マーケティングの意思決定

ブランドとブランド・エクイティ

　現在、企業では、製品差別化に軸を置いたブランド力を高める活動が盛んです。企業がプロダクト・マーケティングを展開する際にも、ブランドは重要な役割を担っています。

(1) ブランドの概念

　ブランド（brand）とは、製品やサービスの生産者や売り手を識別する名称、言葉、記号、シンボル、デザイン、またはそれらの組み合わせです。AMA（アメリカ・マーケティング協会）の定義によれば、商標（ブランド）とは「特定の販売業者ないし販売グループの製品およびサービスを識別し、また競合他社のそれらから区別させることを意図して設定される名称、記号、シンボル、デザインあるいはその組み合わせ」です。

(2) ブランドの資産価値

　ブランド・ロイヤルティ、知名度、知覚品質の高さ、ブランド連想の強さの他、特許・商標・チャネル関係など、もろもろの資産に基づくブランド価値をブランド・エクイティ（brand equity）といいます。

　D.A.アーカーは、ブランドは企業の無形資産であるとしています。特定のブランド名を付けた製品の価格が類似する製品よりも、消費者はその価格を受け入れるため、ブランドの資産的な価値が発生します。ブランド力が高まれば、収益もよくなり企業イメージも上がる、という好循環が生まれます。

(3) ブランド名の選択・育成

　企業が一度選択したブランドは、長い期間、守り続けなければなりません。ブランドの決定は、固定的で長期的な意思決定です。多くの企業の目的は、究極的にその製品カテゴリーの総称とみなされる唯一のブランド名（ナンバー・ワン・ブランド）となるように育成することです。クリネックス、リーバイス、バンドエイドなどは、いずれも代表的なナンバー・ワン・ブランドです。

　ナンバー・ワン・ブランドは優れたブランド・エクイティを持っています。ある業界を思い浮かべたとき、ナンバー・ワン・ブランドの名前はすぐに出てきても、ナンバー2以下のブランドはなかなか頭に出てこないからです。「日本で1番高い山はどこか？」と問われれば、ほぼ100％の日本人は「富士山」と答えることができますが、「日本で2番目に高い山はどこか？」と尋ねると、「北岳（白根山北岳）」と答えられる人の割合（正答率）は30分の1（約3％）になってしまいます。

　ナンバー・ワン・ブランドを作ることは、プロダクト・マーケティングの重要な課題のひとつですが、行き過ぎると、企業がブランド名の独占的使用権を失う場合があるので、注意が必要です。セロテープ、アスピリン、ナイロン、ヨーヨー、トランポリン、エスカレーター、サーモス、ホッチキスなどがその典型的な例です。

(4) ブランド・スポンサーの決定

　企業がブランド戦略を展開し、ブランド・スポンサーを選択する際には、次の4つの選択肢があります。
①ナショナル・ブランド（national brand）
　生産者自身が開発し、所有しているブランドをナショナル・ブランドといいます。
②プライベート・ブランド（private brand/store brand）

製品やサービスの中間業者が開発し、所有しているブランドをプライベート・ブランド（ストア・ブランド）といいます。
③ライセンシング（licensing）
　企業は、以前に他の生産者によって作り出されたブランド名、シンボル、有名人の名前、映画・小説・漫画の中に登場したキャラクターなどをライセンス化（実施権を設定）することもできます。
④共同ブランド（co-branding）
　異なる複数の企業の定評あるブランド名を同一製品に使用することを共同ブランドといいます。ロレックスはティファニーとの共同ブランドの限定モデルを開発し販売しましたが、これは共同ブランドの一例です。

(5) 先発ブランドと後発ブランド
①先発ブランドのメリット
　ブランドを早期に確立することは、後発のメーカーに対してさまざまな面で有利です。これは、先発優位性と呼ばれ、後発のメーカーよりも大きな利益や大きな市場シェアを獲得できる、ということを意味しています。
②後発ブランドのメリット
　後発ブランドであるにもかかわらず、健闘しているブランドもたくさんあります。後発ブランドのメリットを後発優位性といいます。後発ブランドが、ある特定の市場へ後から参入する場合は、競合ブランドよりも「いかに優れているのか」を消費者に訴求するのではなく、「何が新しいのか」を消費者に訴求することが大切です。

図 2-06　先発ブランドのメリット

①消費者の意識の中に「参入障壁」を構築することができる
②経験効果からコスト優位に立つことができる
③価格に対してそれほど敏感ではないイノベーターや初期採用者に、素早く浸透させることができるため、うま味がある市場を獲得することができる
④オピニオン・リーダーから口コミなどを使って、よい評判を流布してもらうことができる

図 2-07　後発ブランドのメリット

①市場の成長性を確認してから参入できるため、リスクが小さい
②製品の属性や機能認知に費やすプロモーション・コストが、先発ブランドに比べて抑制できる
③研究開発コストが抑制できる

section 5　プロダクト・マーケティングの意思決定

ブランドの基本戦略と採用戦略

　ここでは、企業が選択することができるブランド戦略の方向性について俯瞰しましょう。

(1) ブランドの基本戦略
　アンゾフは、企業の進むべき方向を4つに分類し、これを成長ベクトルと名付けました。

図 2-08　アンゾフの成長ベクトル

		製品	
		既存	新規
市場	既存	市場浸透	製品開発
	新規	市場開発	多角化

　ブランド戦略を展開する場合、最初に基本方針を決定することが重要です。この基本方針は、上記アンゾフの成長ベクトルを応用するとによって、4つに大別できます。
①ブランド強化
　ブランド強化とは、既存市場に対して、既存ブランドでブランド展開する戦略です。従来の戦略を変更せずに強化するもので、最もリスクが少ない戦略です。市場浸透が不十分であったり競争が激化した場合に適しています。

| 図 2-09 | ブランド戦略の成長ベクトル |

		ブランド	
		既存	新規
市場	既存	ブランド強化	ブランド変更
	新規	ブランド・リポジショニング	ブランド開発

②ブランド・リポジショニング

　ブランド・リポジショニングとは、既存ブランドで新規市場を狙って、ブランド展開する戦略です。対象市場を新しいセグメントへ変更し、売上を増加させることを目的としています。

③ブランド変更

　ブランド変更とは、既存市場に対して、新規ブランドでブランド展開する戦略です。値崩れを起こしたブランドを廃棄したり、消費者に対して新規ブランドで新鮮さを訴求できるなどのメリットがあります。過去から築き上げてきた知名度や、ロイヤル・ユーザーを放棄し、ゼロから再スタートしなければならないため、リスクを伴った戦略です。

④ブランド開発

　ブランド開発とは、新規ブランドで新規市場を狙ってブランド展開する戦略です。未経験の市場に対し、消費者にまったく知られていないブランドで新規参入するため、リスクが最も高い、ハイリスク・ハイリターン型の戦略です。

（2）ブランドの採用戦略

　ブランド採用戦略は、ソニーのように「企業名」を訴求するケース、マイルドセブンのように「ブランド名」を訴求するケースが基本パターンです。基本パターンと応用との組み合わせにより、ブランドの採用戦略には、さまざまなパターンに分化します。

①ファミリー・ブランド戦略（企業ブランド戦略）

　ファミリー・ブランド戦略（企業ブランド戦略）とは、企業が扱っている製品ラインの標的市場が同質的で、製品ライン間のイメージや競争地位も同質的である場合、すべての製品ラインに同一ブランドを付けるものです。個々の製品ラインを、別々に広告や販売促進活動で訴求するよりも、統一されたイメージで訴求するほうが効果的だからです。ブランドには、社名や社名の一部が付けられる場合が多くなります。ソニーや日立製作所などがこの戦略を採用しています。

②事業ブランド戦略

　事業ブランド戦略とは、企業が扱っている製品ラインの標的市場と製品ライン間のイメージや競争地位の度合いについて、「同質的・異質的」が中程度の場合、製品ライン群を何らかの共通性に応じていくつかに分類し、それぞれに異なったブランドを与えるものです。パナソニックは、松下電器時代に「テクニクス」「パナソニック」「ナショナル」などのブランドを使い分けていました。

③個別ブランド戦略

　個別ブランド戦略とは、企業が扱っている製品ラインの標的市場が異質的で、製品ライン間のイメージや競争地位も異質的である場合、製品ライン別に異なったブランドを付けるものです。異なるブランドを採用することで、個々の製品ラインの特徴を訴求することができます。統一的なプロモーションは展開しません。「マイルドセブン」や「セブンスター」などを販売するJTは、個別ブランド戦略を採用しています。

④ダブル・ブランド戦略

　ダブル・ブランド戦略とは、企業が扱っている製品ラインの標的市場が同質的で、製品ライン間のイメージや競争地位が異質的である場合、統一的なブランドと個別のブランドを組み合わせて付けるものです。標的市場が同質的なので、ブランド認知度を高めるために共通のブランドを採用します。同時に、個別の製品ラインの特徴は、もうひとつのブランドを追加して対応します。「アサヒ・スーパードライ」というブランドを付けているアサヒビールはダブル・ブランド戦略を採用しています。

　なお、2つの会社が共同で製品を開発し、両社のブランドを冠したブランドを使用する場合をダブル・ブランドと呼ぶ場合もあります。製造業と小売店のコラボレーションなどによって生まれた製品には、ダブル・ブランドが採用されます。

⑤ブランド・プラス・グレード戦略

　ブランド・プラス・グレード戦略とは、企業が扱っている製品ラインの標的市場が異質的で、製品ライン間のイメージや競争地位が同質的である場合、統一的なブランドにグレードを加えるものです。消費者が製品から感じ取るイメージは同質的なので、ブランドに何らかの共通部分を持たせます。同時に、標的市場の違いを明確にするため、グレードを付けて対応します。乗用車に7シリーズ、5シリーズ、3シリーズなどでグレードを付けているBMW、デジタル一眼レフカメラのEOSに1D、5D、7Dなどのグレードを付けるキヤノンなどはブランド・プラス・グレード戦略を採用しています。

section 6　プロダクト・マーケティングの意思決定

パッケージングとラベリング

　製品を入れる容器や包装紙をデザインし、生産する活動をパッケージングといいます。パッケージングの一部であり、パッケージやそれに付随して印刷された情報をラベルといいます。

(1) パッケージングの意義
　パッケージングは、製品を運搬する際に破損や汚損を防止し、同時に運搬、販売、消費の利便性を高めます。近年、大量生産、販売競争の激化、セルフ販売の増加等の諸要因により、包装には販売促進や情報提供等の新しい機能が必要とされるようになりました。現在では、「包装は沈黙のセールスマン」といわれるように、パッケージングは、マーケティング戦略上大きな意味をもっています。

(2) パッケージングの分類
①パッキング
　パッキングには内装と外装があり、双方とも運送上の利便性や製品の保護に目的を置いています。
a 内装
　内装とは、包装貨物の内部包装です。製品を外部の刺激から守ること（防水・防湿・防熱・防震等）が目的です。緩衝材、防湿財、防水包装等が該当します。
b 外装
　外装とは、包装貨物の外部包装です。輸送時の包装、輸送容器のこと

です。木箱、木枠、ダンボール等が該当します。生産から流通までの配送単位です。

②個装（狭義のパッケージング）

　個装（狭義のパッケージング）とは、消費者の最低購買単位ごとの包装です。製品の価値を高め、製品を保護するために適切な資材によって包装された状態です。重要なマーケティング・ツールであり、販売促進や非価格競争における優位性を獲得する機能があります。

(3) パッケージングの機能

①内容物保護機能

　包装には、内容物をさまざまな刺激（湿気、熱、振動等）から保護する機能があります。包装に要求される基本的な機能であり、包装の本来の機能です。

②販売促進機能

　デザイン、ネーミング、ディスプレイ性に優れたパッケージングには、販売の場において顧客の購買を刺激する機能があります。「包装は沈黙のセールスマン」ということばに象徴される機能です。

③情報提供機能

　顧客に対して製品に関するさまざまな情報を提供する機能です。具体的には以下のような情報を提示します。

a 製品の名前、商標、マークといったシンボル

b 内容物の利用方法や保証条件

c 法的義務を課された表示

　菊水酒造は、日本酒をあまり飲んでいなかった人を対象にした「音瀞（いんとろ）」という製品を開発したことがあります。「日本酒の知識も高めてもらう」ことを狙い、包装紙に日本酒の製法について印刷しました。若い世代の日本酒離れに悩む酒造メーカーによる包装の情報提供機

図2-10　菊水酒造の音瀞

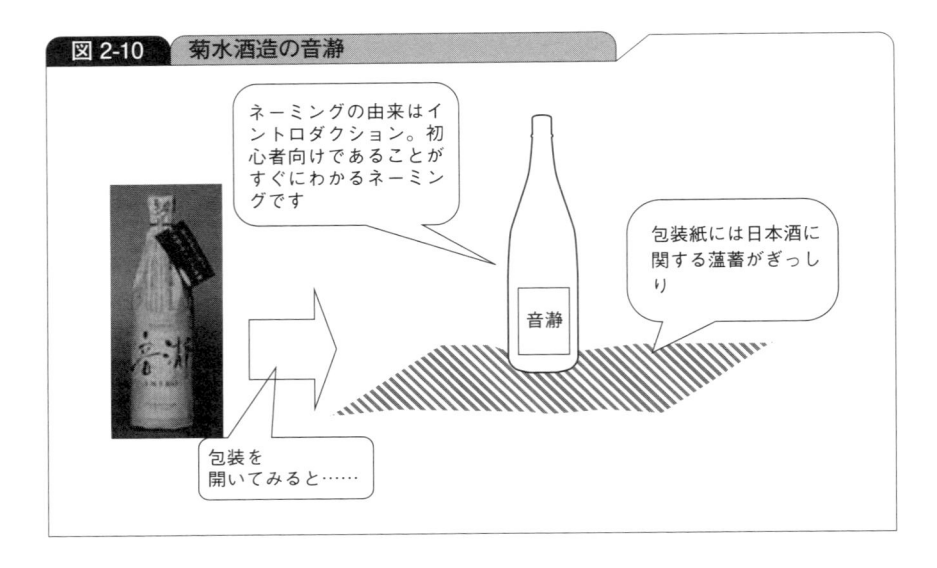

- ネーミングの由来はイントロダクション。初心者向けであることがすぐにわかるネーミングです
- 包装紙には日本酒に関する蘊蓄がぎっしり
- 包装を開いてみると……

能の利用の一例です。

④**量的規定機能**

　製品を包装する際に量的な規制を加えることによって、企業と顧客の利便性・経済性を図る機能です。昔のようにそのつど量り売りをしなくてもすむのは、量的規定機能が進化したためです。

⑤**製品イメージ形成機能**

　製品のもつイメージを包装が変えてしまうという機能です。製品が高級品であっても、パッケージがそれに伴っていなければ、顧客は高級品であるとは思いません。必要なのは、製品の品質を適切にイメージさせるような包装です。

⑥**環境保護機能**

　環境保護に配慮した機能です。リサイクルによって省資源を図る、廃棄処理や省資源化が容易な素材を利用する、等の方法があります。環境問題がクローズアップされる今日、重要性を増している機能です。

(4) 適正包装の7原則

　今日、環境問題の一環としてゴミの増加が大きく取り上げられています。その一因として過剰包装があります。包装の環境機能という観点から見ても、過剰包装を廃止し、適正包装に心がけなければなりません。

　「適正包装の7原則」は、1972年に旧・通産省からの諮問を受けた商業包装適正委員会によって答申・作成されました。以後、この報告に基づき、業界や地方自治体等で適正包装の一般的な基準が制定されるようになりました。今日の企業のパッケージングにおいても不可欠な基準です。

図 2-11　適正包装の7原則

1. 内容物の保護または品質保全が適切であること
2. 包装材料及び容器が安全であること
3. 内容量が適切であり、小売の売買単位として便利であること
4. 内容量の表示または説明が適当であること
5. 商品以外の空間容積が必要以上に大きくならないこと（空間容積が20%以下）
6. 包装費が内容品に相応適切であること（商品売価の15%以下）
7. 廃棄処理上適切であること

section 7　プロダクト・マーケティングの意思決定

ネーミング

　製品やブランドに名前を付けることをネーミングといいます。プロダクト・マーケティングを展開する上で、ネーミングは大きな意味合いを持っています。

(1) ネーミングの傾向
　製品のもつコンセプトを消費者に的確に伝えるようなネーミングであれば、プロモーション上効果的です。逆に、製品のもつイメージを正確に消費者に伝えることができないようなネーミングは逆効果です。
　最近のネーミングの特徴として、以下のような点を挙げることができます。

①カタカナだけの名前、特に英語等のカタカナ表現によるネーミングが増えている
②ひらがな、カタカナ、漢字、アルファベット、数字等を2～3個組み合わせたネーミングが増えている
③コミカルなもの、ユーモアに富んだもの、ナンセンスなネーミングが増えている
④漢字だけ、あるいはカタカナだけだが、奇妙な使い方の漢字名、まったく新しい造語としてのカタカナによるネーミングも登場している
⑤文字数は1字から14～15文字までさまざまだが、一番多いのは5文字で、次いで4～8文字が多い

(2) ネーミングの選定原則

三上富三郎氏は、ネーミングの選定原則として以下のような点を挙げています。いずれも、消費者にとってよいイメージを抱いてもらうためには重要な項目です。

図 2-12　ネーミングの選定原則

①短いこと
②単純なこと
③難解な文字を避けること
④読みやすいこと
⑤認知しやすいこと
⑥記憶しやすいこと
⑦読んだときに気持ちよい感じが持てること
⑧不愉快な語音がしないこと
⑨発音しやすいこと
⑩発音したときの感じが気持ちよいこと
⑪いくとおりにも発音ができるようなものでないこと
⑫旧式な時代遅れの名前でないこと
⑬包装やラベルに適応すること
⑭容易に登録商標に結びつけられるもの
⑮輸出商品でもある場合は、輸出先のことばでも発音し得るもの
⑯不快でなく、きたならしくなく、否定的でないこと
⑰何らかの外国語とまぎらわしくないこと
⑱製品またはその用途を表現し、または暗示するようなもの

(3) よいネーミングの条件

これらを総合すると、よいネーミングの条件は次のようにまとめることができます。
①ネーミングと製品コンセプトが合致している
②耳で聞く語感、口にしたときの語感が消費者にとって心地よい
③商標登録しやすいオリジナル性を有している

(4) ネーミングの方法

ネーミングには次のような具体的な方法があります。

①単純結合法

単純結合法とは、2つ以上の単語を単純に結合し、新しい名前を作る方法です。単純結合法でできたネーミングは、商標上は結合商標という扱いを受けます。「スーパードライ」は「スーパー」と「ドライ」の結合商標です。

②省略結合法

省略結合法とは、2つ以上のキーワードを一部省略しながら、結合し、新しい名前を作る方法です。キーワード単体では発音しにくかったり、文字数が長くなりすぎる場合などに用いる手法です。2つのキーワードをそのまま足すのではなく、もとの言葉の意味を保ちながら発音しやすいように文字をカットする造語方法です。「リンプー」の場合、リンスとシャンプーをそのままつなげて、「リンスシャンプー」では長すぎるため、「リンス」の前半部分「リン」と「シャンプー」の後半部分「プー」を結合して「リンプー」としています。

③変形法

変形法は、キーワード単体でコンセプトは表現できるが発音しにくかったり文字数が多くてインパクトが弱い場合に、キーワードの一部を都合のよい文字に替えたり削除する方法です。

「BREND（混ぜる・混合）」という言葉の語尾を変形させた「BRENDY（ブレンディ）」はその代表例です。

④頭文字法

　頭文字法とは、各単語の頭文字を組み合わせて造語する方法です。アクロニム法ともいいます。雑誌『アエラ』は、「ASAHI SHINBUN EXTRA REPORT & ANALYSIS」の頭文字を組み合わせたものです。

⑤順列変更法

　順列変更法は文字遊び的な要素を持つネーミング手法です。文字を並べ替えたり、逆に並べ替えたりすると意外な語感になる場合があります。並べ替えた言葉が別の意味を持つ場合はアナグラムと呼ばれています。

　サントリーは順列変更法によるネーミングの代表例です。サントリーの前身である鳥井商店が、当時発売していた赤玉ポートワインの「赤玉」を太陽に見立ててサン（Sun）とし、これに創業者鳥井信治郎の姓「鳥井」を付けて、「サントリー」という社名が生まれました。「トリーサン」では「鳥井さん」を思い浮かべてしまうため、順列変更され、「サントリー」となりました。

⑥駄洒落法

　駄洒落法も言葉遊び的要素の強いネーミング手法です。インパクトがあり、面白く覚えやすいという長所がありますが、高級なイメージを作るのは難しいという短所があります。風呂釜の「湯名人」は「有名人」から連想して生まれたブランドです。

section 8　プロダクト・マーケティングの意思決定

保証

　一見不可能と思われるようなサービスが、実際の企業では高い支持を得ています。返品保証制度はその代表例です。日本ではまだまだ不完全な制度も少なくありませんが、業種・業態に応じてさまざまな保証制度が存在します。

(1) 黙示の保証・明示の保証
①黙示の保証
　保証書の有無等にかかわらず、法律等により裏付けられた保証を「黙示の保証」といいます。主に、民法上の瑕疵担保責任や債務不履行責任に基づく保証です。
　瑕疵担保責任とは、売買その他の有償契約において契約の目的物に隠れた瑕疵（欠陥）があるとき、売主や物を引き渡した人が負うべき担保責任です。民法570条の瑕疵担保責任の規定によって、売主は買主から契約を解除されたり、あるいは消費者に損害の賠償をしなければならないとされています。
②明示の保証
　保証書や契約書等に基づいて行われる保証を「明示の保証」といい、以下の2つの方法があります。
a 口頭による保証
　売り手による口頭での保証です。誇大表現や誤解を招く表現に注意する必要があります。
b 証書による保証

内容を明確にし、できるだけわかりやすい表記に留意しなければなりません。表記すべき事項としては、保証者、無料保証期間、保証対象部分、適用除外、修理部品の保有期間、修理可能期間、法的責任等があります。

(2) 公開型返品保証と非公開型返品保証
①公開型返品保証

HP・パンフレット・店舗などを通して積極的に公開している返品保証制度です。返品によるコストが増大するおそれがあるため、積極的に返品保証制度について公開する企業は少ないですが、エイボン、六花亭、エディ・バウアーなどは自社の返品保証制度を広く情報公開しています。

②非公開型返品保証

顧客に制度の存在を公開していない返品保証です。顧客がクレームを申し出た場合に、非公開で返品を受ける制度です。①自社内のマニュアルに基づいて返品を受ける、②担当者が個別対応的に返品を受けるという2つの方式があります。百貨店の返品保証は、一般に非公開型返品保証に該当します。

(3) キャッシュバックの有無による保証の分類
①非キャッシュバック型保証

企業としては必要条件であり、顧客にとっての衛生要因となる最低限の返品保証です。

a 取替保証

後日顧客から好みが合わなかった等のクレームがあがってきた場合に、他の製品と取り替える保証制度です。サイズや色が分化している靴や衣料品の売買で一般的な保証です。製品に瑕疵があった場合の取替保証は、単なる企業の義務としての保証です。

b 修理保証

製品が故障した等の理由により、後日顧客が製品を持ち込んだ場合に、修理を行い保証する制度です。返品保証には該当しませんが、機能は似ています。家電やパソコンの世界でよく用いられる制度です。取替保証同様に、製品に瑕疵があった場合の修理保証は企業の義務です。

②キャッシュバック型保証

顧客に対する十分条件であり、動機付け要因となり得る保証です。

a 全額返金保証

顧客が製品を返品したいと申し出た場合に、製品と引き換えに代金全額を払い戻す保証制度です。取替保証と異なり、払い戻された代金で他社・他店で別の製品を購買することもできるため、顧客の選択肢が広く、実施すれば顧客の満足度は高くなります。一方、企業側にとってはキャッシュアウトを伴うため、実施に当たっては慎重に条件を整備する企業が多数派です。

b 一部返金保証（使用分のみ差し引いた返品保証）

全額返品保証と同様に、代金を払い戻す保証制度ですが、製品の使用分を差し引いて行う返品保証です。解約に伴う英会話学校やエステ・スクールのチケットの返品で一般的な手法です。

③ダブルマネー・キャッシュバック保証

顧客がクレームとともに製品返品を要求してきた際に、製品の対価を全額払い戻すだけでなく、そのクレームを企業側が情報として評価し、製品代金にさらに上乗せして情報提供料を支払う制度です。一部の家電店等で行われています。理論的にはきわめて顧客志向の制度ですが、運用は難しく、まだ普及していません。

(4) 条件の有無による分類

①無条件返品保証

期間、返品申し出の時期、使用の程度、製品の状態等の条件を一切付

けない保証です。顧客にとって最も好都合な保証ですが、企業側のリスクは大きくなります。エイボン・プロダクツやエディー・バウアーが行っている返品保証がこれに該当します。性善説に立ち、顧客は悪意のある返品をしないという仮説に基づく返品保証制度です。

②条件付返品保証

期間、返品申し出の時期、使用の程度、製品の状態等の条件を付ける保証です。企業側のリスクは小さいものの、顧客の満足度には限界があります。性悪説に立ち、顧客は悪意のある返品をするおそれがあるという仮説に基づく返品保証制度です。

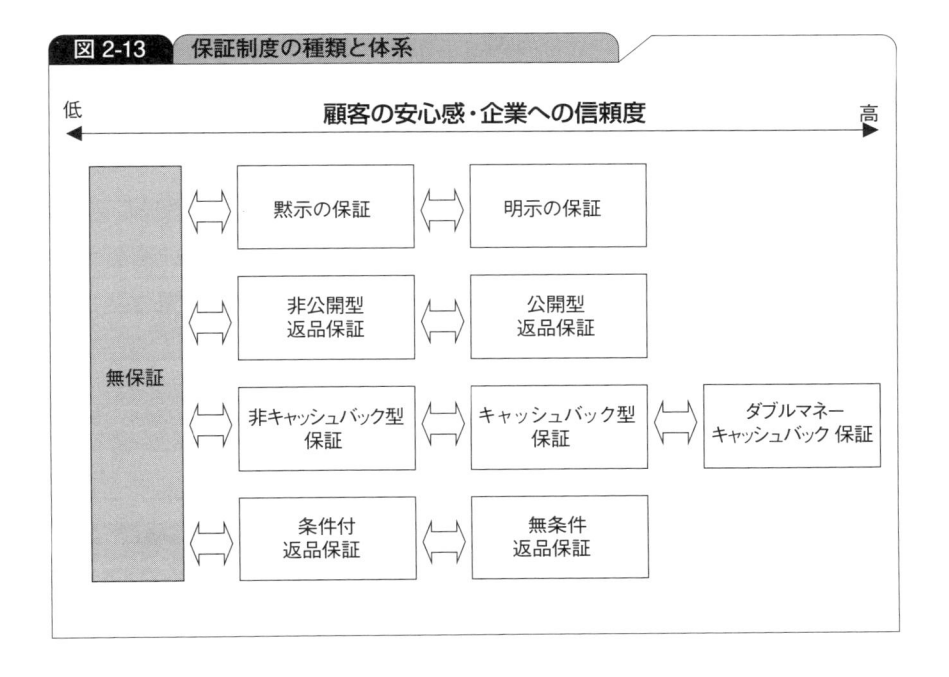

図 2-13　保証制度の種類と体系

低　　　　顧客の安心感・企業への信頼度　　　　高

無保証

- 黙示の保証 ⇔ 明示の保証
- 非公開型返品保証 ⇔ 公開型返品保証
- 非キャッシュバック型保証 ⇔ キャッシュバック型保証 ⇔ ダブルマネーキャッシュバック保証
- 条件付返品保証 ⇔ 無条件返品保証

section 9　プロダクト・マーケティングの意思決定

プロダクト・マーケティングの組織

　企業におけるプロダクト・マーケティングを担当する組織にはさまざまな形態があります。最も一般的なのは、「商品企画部」「製品開発部」といった名称をもつ、製品の企画・開発を恒常的に担っている組織です。この他にも、事業部制組織、プロダクト・マネジャー組織など、さまざまな方法が考えられます。

(1) 製品開発部門
　製品の企画・開発を恒常的に行っている組織を製品開発部門といいます。

　全社の役割が機能的に区切られている機能別組織を採用している場合、生産や研究開発、販売（営業）や総務・財務部門とともに、企業の一部を構成しています。

　主要業務は、製品の企画・開発、原材料の調達先の発見・交渉（実際の購買は購買部門が別途存在する場合が普通）、需要予測、全社的な売上目標案の作成、プロモーション担当部門との調整、製品情報の社内関係者への発信（社外関係者への発信は、広告宣伝部門、広報部門が中心に行うのが普通）です。

(2) 事業部制組織
　事業の多角化の進展や広域経営、顧客層の拡大など企業規模の拡大により、事業部制組織が広く採用されています。

　事業部制組織は、個々の事業ごとに事業部単位で部門化を図る分権的

図 2-14　事業部制組織

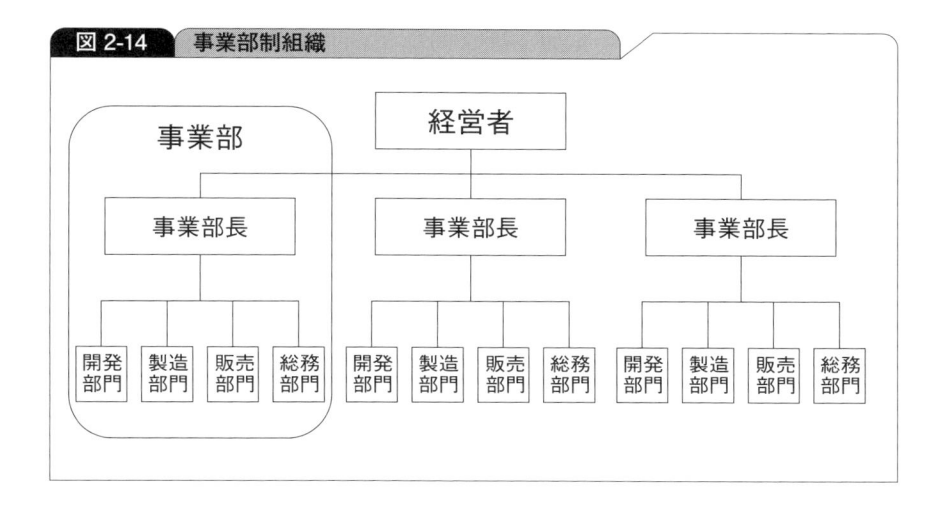

```
            ┌──────────経営者──────────┐
            │           │            │
         事業部長      事業部長       事業部長
   ┌───┬───┼───┐  ┌───┬───┼───┐ ┌───┬───┼───┐
  開発 製造 販売 総務 開発 製造 販売 総務 開発 製造 販売 総務
  部門 部門 部門 部門 部門 部門 部門 部門 部門 部門 部門 部門
   └──事業部──┘
```

な構造の組織です。個々の事業部は、あたかも独立企業のごとく大幅な権限をもっています。

　さまざまな社内事業に関する製品を一手に企画・開発する専門の製品企画部門による製品の企画・開発は、全社的な調整が必要となる場合が多く、意思決定に時間がかかります。事業部制組織における製品の企画・開発は、事業部内の意思決定で機動的に進めることができます。

　事業部は、独自の市場をもち、その事業に必要な生産、販売、開発などの職能をもつ自己充足的な組織単位です。製品の企画・開発も事業部長の権限の範囲内にあります。ただし、勝手に何でもやってよいということではなく、利益責任を負う利益責任単位（プロフィット・センター）です。

　一般に事業部には、①製品別事業部、②地域別事業部、③顧客別事業部という3つの編成基準があります。最近では、顧客に合わせた対応を強化するために、顧客別事業部を採用する企業が増えています。

　事業部制組織は、万能な組織ではなく、次図のような長所と短所があります。

図 2-15　事業部制組織の長所と短所

長　所	短　所
●事業ごとに事業部が編成されるので、利益責任が明確化する ●事業ごとに事業部が編成されるので、事業間の調整が軽減する ●限定された事業環境に特化しているため、的確で迅速な対応ができる ●事業部の業績評価に基づき、資源配分とコントロールが比較的容易になる ●事業部長へ大幅に権限が委譲されるため、経営者の訓練・育成ができる ●意思決定の委譲で、経営トップは全社的な戦略的意思決定に専念できる	●本社は事業部の現状を十分に把握できなくなり、事業部の逸脱した行動をコントロールしにくくなる ●利益責任の遂行に必要な職能を事業部内に組織するため、組織面での重複や、設備などの重複投資が発生する ●短期業績志向が強まり、長期的、戦略的取り組みが抑制されやすい ●事業部間の壁が生じ、コミュニケーション不足や、調整が困難になる ●事業部間の人事交流が消極化し、人事の硬直化傾向が生じる

(3) プロダクト・マネジャー組織

①プロダクト・マネジャー組織

　プロダクト・マネジャー組織とは、ひとつの事業部門内部で、特定の製品ないしブランドごとに担当するプロダクト・マネジャーないしブランド・マネジャーを設置して、生産・営業・研究開発などの垂直的職能組織間の水平的調整を図る組織形態です。

②プロダクト・マネジャーの役割

　プロダクト・マネジャーの基本的役割は、特定の製品（プロダクト）ないしブランドについての情報を収集して、あらゆる局面を熟知し、トー

図 2-16　プロダクト・マネジャー組織

開発部門 → 購買部門 → 生産部門 → 販売部門 → 消費者窓口部門

調整

プロダクトマネジャー

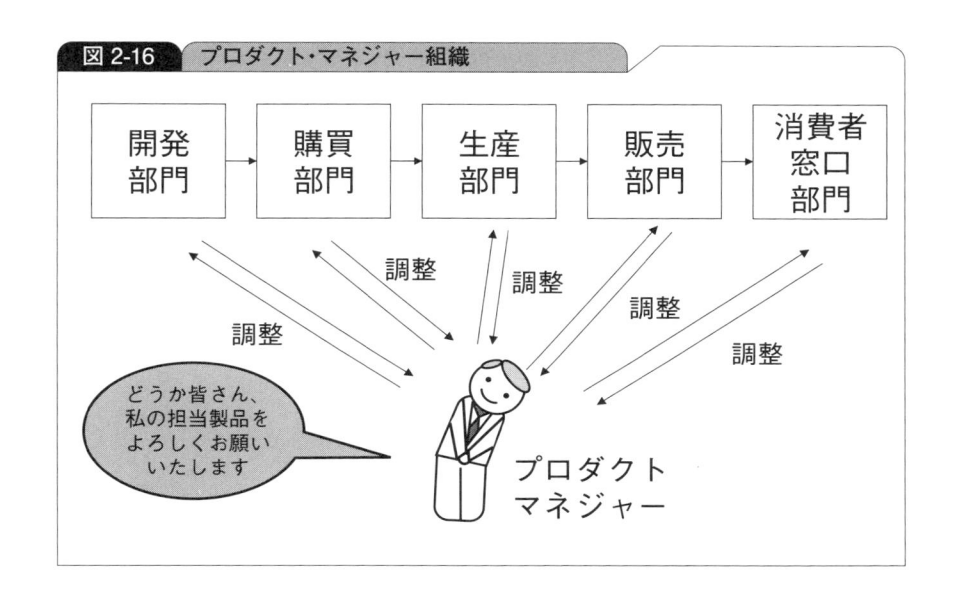

どうか皆さん、私の担当製品をよろしくお願いいたします

タルなマーケティング・プランニングを立案し遂行することです。プロダクト・マネジャーは、生産・営業・研究開発などの水平的調整をするインフォメーション・センターです。

③プロダクト・マネジャーの権限

　プロダクト・マネジャーの権限はラインへの命令権限はなく、スタッフとしての助言とサービスにとどまります。担当製品について各部門に助言することはできますが、命令はできません。

section 1　新製品開発戦略のプロセス
section 2　グループ・インタビュー
section 3　アイディアの創出法①　ブレインストーミング法
section 4　アイディアの創出法②　ブレインライティング法
section 5　アイディアの創出法③　さまざまなアイディア創出法
section 6　アイディアのスクリーニング
section 7　事業性分析
section 8　製品企画書
section 9　テスト・マーケティング

PART 3

新製品開発戦略

**製品開発は
どのようなプロセスで
進めるべきか**

section 1　新製品開発戦略

新製品開発戦略のプロセス

　新製品の開発は、企業の経済的な価値を高めるものでなければなりません。最少のリスクで、最大の利益を生み出す新製品が開発され、市場に送り出されることが理想です。しかし、この理想は、新製品の開発に関係する変数が多く、新製品の性質が安定性を欠くことから、決して容易なことではありません。

　新製品開発に関する投資がなされる前に、新製品開発のプロセスを体系化することが重要です。これにより、新製品開発の成功の可能性を高めることができます。

　一般的に新製品開発のプロセスには、次の6つの段階があります。

図 3-01　新製品開発のプロセス

	段階	ポイント
1	アイディアの創造	どんな発想法を用いるか
2	アイディアのスクリーニング（選別・評価）	どうやってエラーを防ぐか
3	事業性分析	3つの視点で分析を行う
4	新製品の開発	スケジュール管理・予算管理を徹底する
5	テスト・マーケティング	場所・時期・方法を考える
6	市場導入	関連部署・得意先との連携を強化する

(1) アイディアの創造

新製品開発は、アイディアの創造からはじまります。アイディアは社内、社外のあらゆる情報源から収集されます。アイディアの創出は、偶然に任せるのではなく、体系的に行われるべきです。

アイディアの創造を活発化させるため、さまざまな科学的な手法が活用されています。また、無からアイディアは生まれません。さまざまなマーケティング・リサーチを通じて、たくさんの情報を事前に収集しておくことが、アイディア創出の大前提になります。

本書では、アイディア収集法としてグループ・インタビューを、またアイディアの創出法として、ブレインストーミング法、ブレインライティング法、チェック・リスト法、ゴードン法を紹介します。

(2) アイディアのスクリーニング（選別・評価）

収集されたアイディアは、企業の経営戦略や標的市場などに基づいて

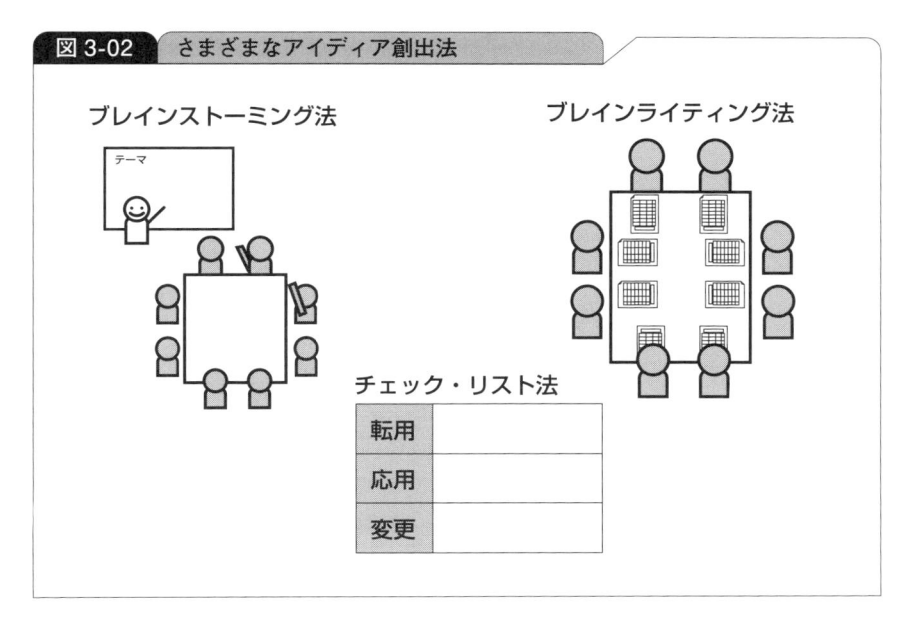

図 3-02　さまざまなアイディア創出法

ブレインストーミング法

ブレインライティング法

チェック・リスト法

転用	
応用	
変更	

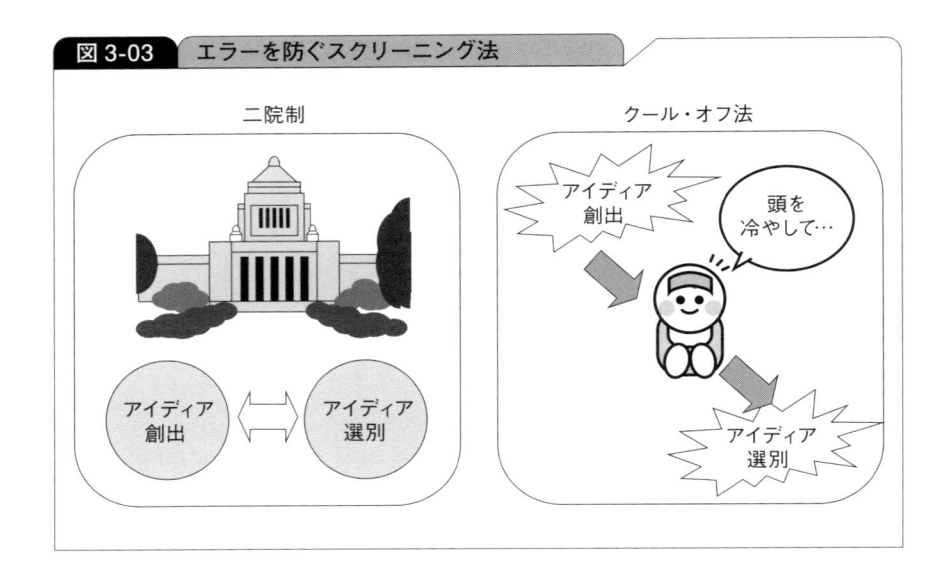

図 3-03　エラーを防ぐスクリーニング法

二院制／クール・オフ法

取捨選択されます。

　新製品のプロトタイプ（試作品）を開発するには、多額のコストを必要とします。スクリーニングは、企業にとって必要なアイディアを選別し、不必要なコストを節約する目的で行われます。

　潜在性が高いアイディアを誤って除去する危険（ドロップ・エラー）、潜在性が低いアイディアを採用して開発を進めてしまう危険（ゴー・エラー）があります。エラーを防ぐ方法には二院制とクール・オフ法があります。二院制とクール・オフ法については後述（PART3のsection6参照）します。

(3) 事業性分析

　スクリーニングをしたアイディアの事業性を分析する段階です。定性的な評価と定量的な分析が行われます。定量的な方法は通常3C分析と呼ばれます。3C分析については後述します。

(4) 新製品の開発

　スクリーニング、事業性分析の段階を通じて得られた製品コンセプトに基づいて製品企画書が作成され、具体的な形をした新製品のプロトタイプ（試作品）を製作します。製品企画書については後述します。

　新製品のプロトタイプは、モニターを使って反応を調べ、最終的に顧客の満足が得られるものに絞り込みます。新製品の開発段階における最大の課題は、消費者の選好や嗜好をどのように具体的な製品属性に表現するかということです。職人感覚で全体が見通せない技術者と、マーケティング担当者などが直接交渉を行う段階なので、担当者間の調整や協力も必要となります。

(5) テスト・マーケティング

　候補にあがった新製品は、実際の市場で消費者の受容性テストを受けます。全国的な規模で販売を希望する場合、仮に失敗したらそのリスクは大きなものとなります。リスクには、金銭的なものだけでなく流通業者との取引関係悪化、企業イメージ低下などがあります。

　このようなさまざまなリスクを回避するために、企業はテスト・マーケティングを行います。テスト・マーケティングの方法と留意点については後述します。

(6) 市場導入

　テスト・マーケティングの結果に基づいた調整を行った後、成功が期待できる新製品のみを市場に導入します。

　市場導入の段階では、タイミングが最も重要です。新製品を市場に導入するタイミングは、市場において成功のビジネスチャンスが存在し、競争的にも好ましい状況でなければなりません。

section 2　新製品開発戦略
グループ・インタビュー

　新製品のアイディアを収集するための有効な手段にグループ・インタビューがあります。少人数の対象者に対して司会者が座談会形式でインタビューを行い、発言（回答）から対象者の深層心理をとらえるための調査手法です。

(1) グループ・インタビュー
①グループ・インタビューの概要
　グループ・インタビュー（フォーカス・グループ・インタビュー）とは、5～10人の調査対象者を会場に集合させ、司会者の進行のもとに行うインタビューのことです。座談会形式で行うため、消費者の生の声を聞くことができ、新製品の開発や既存製品の改良などの際に、消費者のニーズや不満を把握することができます。

　アンケート調査が、調査対象者に質問して得た回答をもとに数量的なデータを収集する定量的なものであるのに対して、グループ・インタビューは、数値ではとらえにくい心理や価値観についてとらえることができる定性的な調査です。1人から聞くよりも複数人に対して同時にインタビューをすることにより、相互啓発による議論の活性化が期待できます。アンケート調査ではわからない、心理や価値観を引き出すこともできます。

　対象者同士がお互いの発言によって相互作用が得られ、話題が発展していく点がパーソナル・インタビュー（デプス・インタビュー）とは異なります。グループ・インタビューは、市場など集団としての消費者の

心理・行動（過程）を把握するようなケースに向いています。
②最近の潮流
　最近では、インターネットやウェブカメラを利用した複数人のインタビューを行っているグループ・インタビュー会社もあります。この方法の強みは、調査対象者がどこからでも参加できる点であり、企業の調査者の条件を満たす人を多数集めることができます。また、実際に会って行うよりも迅速にインタビューすることができます。費用対効果が高い方法です。ただし、調査対象者の相互啓発は、実際に会って行うグループ・インタビューに比べると、あまり活発にはなりません。

(2) 実施手順
①事前準備
　何の準備も行わずに、調査対象者を集めてグループ・インタビューを開催しても得られるものはありません。グループ・インタビューを実施する前に、①「どんな内容をどの程度まで聞くのか」といった調査の目的を明らかにし、②製品コンセプトの仮説をもつことが大切です。
②司会者の決定
　司会者は、当該テーマに最も詳しい技術担当者や製品開発の担当者がふさわしいとは限りません。司会者に専門的な知識があると、自社のシーズの活用や、売り手・作り手が作りたい製品のほうに自然に誘導してしまうことがあります。キャリアの浅い新入社員を抜擢したり、外部のコンサルタントや調査会社に依頼するのもひとつの方法です。調査対象者がざっくばらんに話ができるような、社交的で明るい一面があり、聴き上手という条件に当てはまる人物が最適です。
③日時と会場の決定
　主婦、学生、ビジネスマンなど調査対象者によって、適した日時と会場を決定します。調査対象者の都合に自社担当者（モニター）が合わせ

るのが基本です。会場は、モニターと対象者・司会者が顔を合わせることがない専用施設が最適ですが、難しければ、対象者が囲む円卓の外にオブザーバー席を用意し、モニターはここに座って観察するというスタイルをとります。時間は2時間以内が目安です。

④対象者の決定

　対象者は、当該製品開発のテーマに興味・関心をもっている消費者の中から選定します。ライフスタイル・性別・年齢などが近いメンバー同士のほうが、話は活発になります。人選については、調査会社のサービスを活用するのが確実です。自社での募集は、慣れていないと、手間とコストがかかるばかりです。

⑤シナリオの作成と修正

　製品開発担当者と司会者との間で、グループ・インタビュー全体のシナリオを作成します。質問項目の並び、質問の深さ・広がりの調整について吟味します。できあがったシナリオに基づいて、社内でシミュレーションを実施し、流れの悪いところ、話に広がりが期待できない箇所をチェックし、シナリオを修正します。この作業を2～3回繰り返すと、失敗の確率はかなり小さくなります。

⑥グループ・インタビューの実施

　公正な意見・情報を引き出すために、主催者企業の名前は伏せるのが普通です。人選においても、主催者企業と利害関係のある人ははずしておきます。司会者側が主催者企業が立てた仮説を説明し、これに基づき、あらかじめ用意した質問に添ってメンバーの意見を聞いていきます。ビデオや音声、書記による記述により、記録をとります。

⑦親和図法による分析

　グループ・インタビューの結果は後日詳細を分析します。一般に広く用いられるのは親和図法です。似た意見や情報ごとにカード化し、それらをいくつかの島にまとめ、徐々に集約していく手法です。特にKJ

法が有名ですが、KJ法のルールを完全に守っている企業はありません。自社独自の分析でよいでしょう。

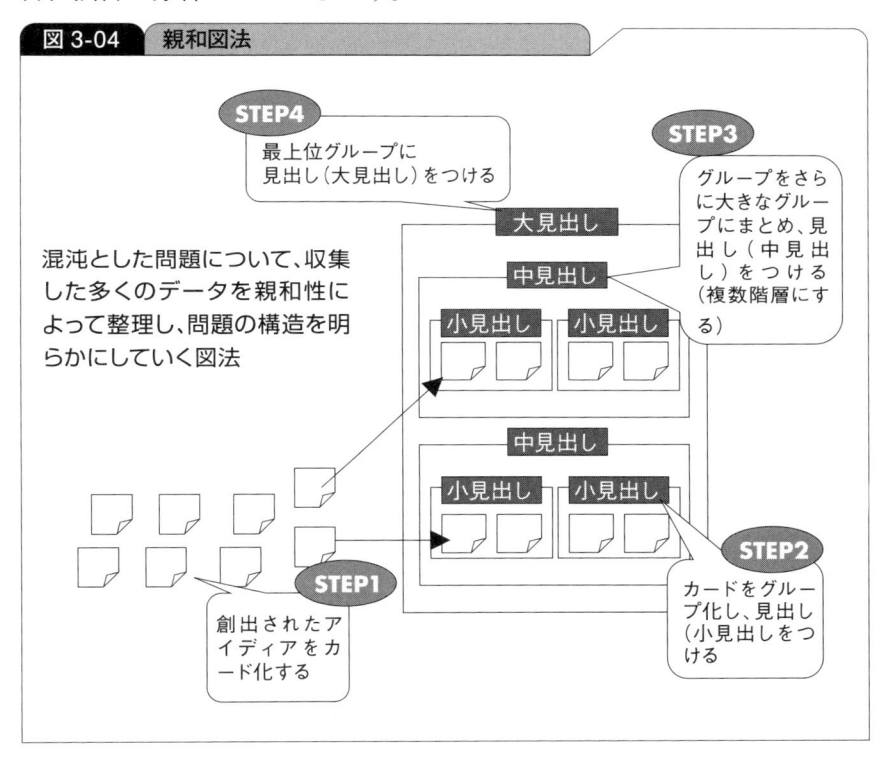

図 3-04　親和図法

混沌とした問題について、収集した多くのデータを親和性によって整理し、問題の構造を明らかにしていく図法

STEP1　創出されたアイディアをカード化する

STEP2　カードをグループ化し、見出し（小見出しをつける

STEP3　グループをさらに大きなグループにまとめ、見出し（中見出し）をつける（複数階層にする）

STEP4　最上位グループに見出し（大見出し）をつける

PART 3　新製品開発戦略

section 3　新製品開発戦略

アイディアの創出法①
ブレインストーミング法

　ブレインストーミング（BS）法は、アメリカの広告会社、BBDOの副社長だったアレックス・オズボーンが創始したアイディア創出法で、現在、世界中のあらゆる業界で広く使われています。
　ブレインストーミングは、集団での討議を前提としています。メンバーは、10人以内が最適です。

(1) ブレインストーミングのルール
　ブレインストーミングには以下のような4つのルールがあります。「女性を美しくするための方法」というテーマでブレインストーミングをしている場合を例にとって、4つのルールについて見ていきましょう。

①批判厳禁
　人の発言を一切批判してはなりません。これにより、参加者はリベラルな雰囲気の中で討論できるようになります。「健康食品を食べる」というアイディアが出たときに、「それはだめだよ。健康食品を食べたからといって、すぐには美しくならないでしょう」といった批判を加えることはできません。

②自由奔放
　上記「批判厳禁」とも関連するルールです。大いにリラックスして議論をしてほしいというルールです。「化粧をする」「エステに通う」「ファッションの勉強をする」「ヘアスタイルを変える」「おいしいものを食べる」「旅行でストレスを発散する」「学校で勉強して知性を磨き、内面から美しくなる」「歯のお手入れをする」「恋をする」など、いろいろなアイディ

アが出てくることが大切です。

③質より量

　量が質を生むという考え方に立脚するルールです。たくさんのアイディアが生まれてくれば、その中には優秀なアイディアが含まれているという仮定から導かれたルールです。

④結合改善

　人が発言したアイディアに他の人が便乗しても構わないというルールです。一度議論に上ったアイディアの応用は自由です。「旅行に出てリラックスする」というアイディアと「おいしいものを食べてストレスを発散する」というアイディアが出た後に、「世界中を回って、おいしいものを食べる」というアイディアを出してもよいということです。

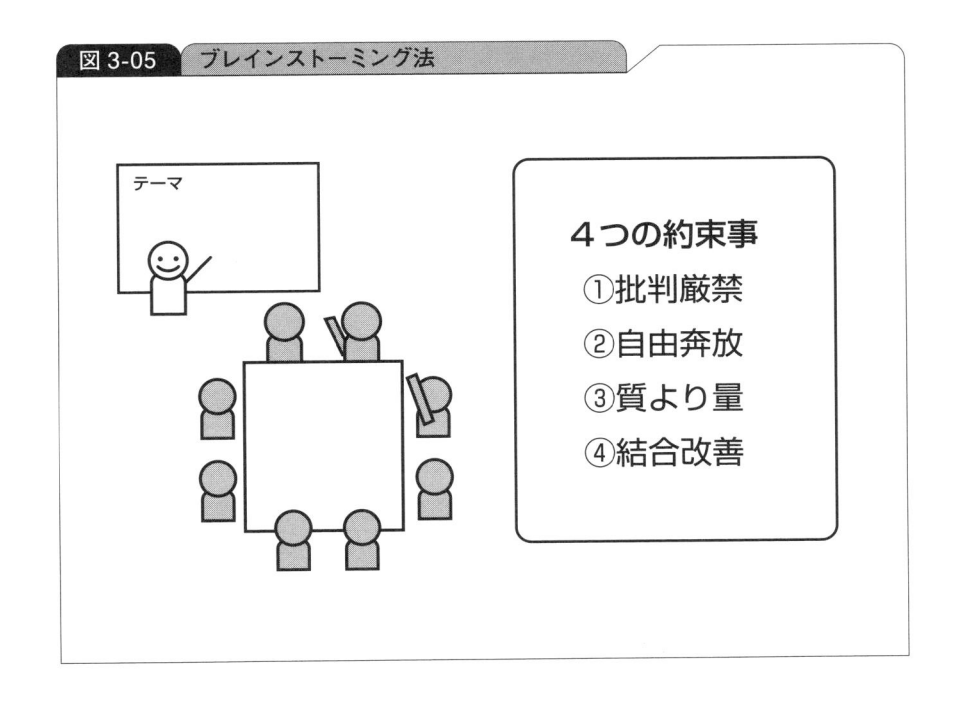

図 3-05　ブレインストーミング法

4つの約束事
①批判厳禁
②自由奔放
③質より量
④結合改善

(2) ブレインストーミングの進め方

ブレインストーミングは通常、以下のような手順で進めます。

① テーマを具体的に設定します。具体的なテーマほどイメージが湧きやすく議論は盛り上がります。

② 会場は四角形または円形とし、できるだけ参加者相互の顔が見えるようにします。模造紙や黒板はぜひ設置すべきです。OHP、プロジェクターにつながったパソコン、コピーのできるホワイトボードなどがあれば便利です。

③ リーダーには、ムードメーカータイプの人を指名します。リーダーには、全員をうまく乗せる資質を期待しましょう。

④ メンバーは10名以内が適切です。構成メンバーについては、そのテーマの専門家は半数以下におさえ、専門外のいろいろなメンバーを加えます。多角的なアイディアが飛び出すからです。

⑤ 自由に発言させ、すべてを書きとめます。リーダーまたは書記役は、模造紙等に「テーマ」と「アイディアの番号」を必ずふっておきます。4つのルールに基づいて、発言されたアイディアはすべて、模造紙等に書き込みます。長いアイディアの場合、適度な要約が必要です。

⑥ 評価は、批判を解禁してから実施します。

⑦ 制限時間になったら、ブレインストーミングを中止します。しばらく時間をおいて、批判を解禁した後、各アイディアを評価していきます。批判・評価・選択するメンバーは、参加者と交代しても構いません。

(3) 修正ブレインストーミング法の「真」のポイント

オズボーンのルールどおりにブレインストーミングを行っても一定の成果は出ます。しかし、アイディア創出の生産性をさらに高めるためには、修正ブレインストーミング法を採用します。修正ブレインストーミング法には3つの「真」のポイント（3つのマネジメント）があります。

図 3-06　修正ブレインストーミング法の「真」のポイント

Visual Management（視認性管理）

ホワイトボードまたはそれに準ずるシートを用意し、参加者が既出のアイディアを目にできる環境を整備することが重要です。
シートに書く場合には、書記役は立ち上がって、テーブルの真ん中で大きな文字で創出されたアイディアを書きとめることが必要です。過去に出たアイディアを視覚的に残し、そこから刺激を受けることに意味があるからです

Air Management（雰囲気管理）

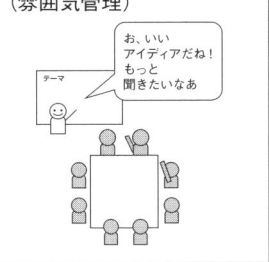

リーダー役が参加者を"乗せる"工夫を行うことが大切です。
最も効果的なのは、リーダー役が、メンバーをほめること（賞賛）です。
「あ、いいアイディアが出ましたね。その続きが聞きたいな」「おもしろいね。発想が新しいね。もうひとつ出しちゃおうか」といった賞賛が、ムードを高め、生産性を高めます

Objective Management（目標管理）

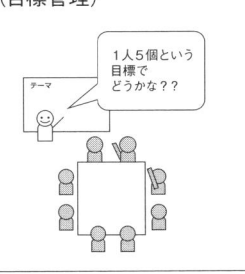

「1人最低1個以上意見出そうよ」「グループ全体で20個のアイディアを出そう」といった目標を提示することです。
ブレインストーミング法には、発言力のある一部の人が中心にアイディアが創出されるという欠点があります。
一部の人だけによるアイディア出しにならないよう気をつけるための工夫として、オブジェクティブ・マネジメントが有効です

PART 3　新製品開発戦略

section 4　新製品開発戦略

アイディアの創出法②
ブレインライティング法

　ブレインライティング法は、「沈黙のブレインストーミング」といわれるとおり、グループで盛り上がるという効果は期待できません。しかし、参加者各人が全員必死に課題に取り組むという真剣さは、ブレインストーミング以上です。ブレインストーミングは、どうしても他のメンバー任せになる人が出るおそれがあるからです。

(1) ブレインライティング法の概要

　ブレインライティング法は、ドイツ人のホリゲルが開発した、集団的

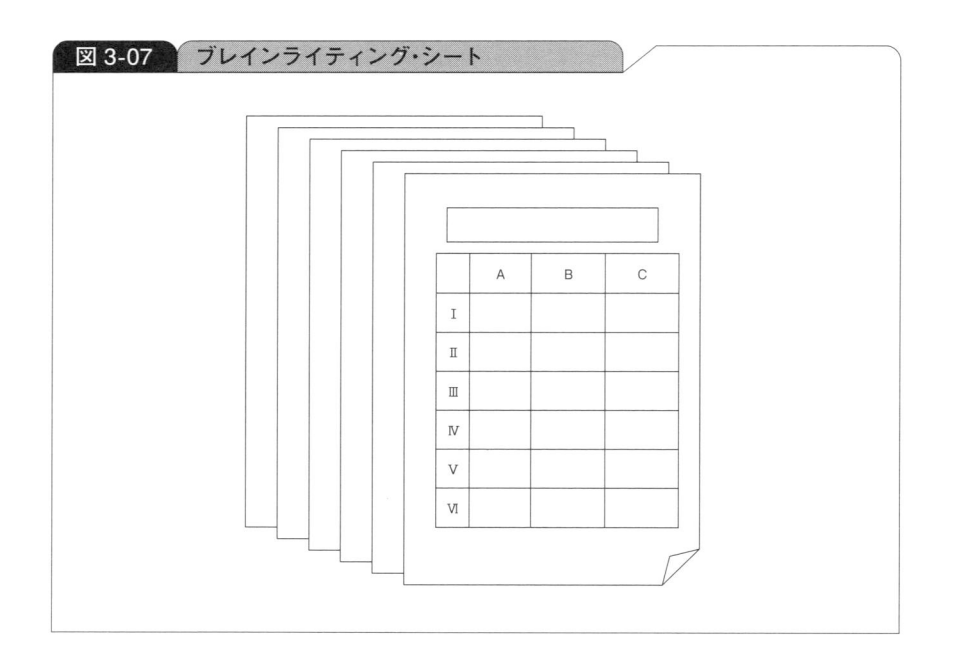

図 3-07　ブレインライティング・シート

沈黙発想法です。ドイツでは、ブレインストーミング法に次いでよく使われる手法です。ブレインライティング法は、「6・3・5法」とも呼ばれています。「6人の参加者が、3つずつアイディアを、5分ごとに考え出す」という過程を繰り返して進行するからです。

(2) ブレインライティングの進め方

ブレインライティング法は、次のような手順で行います。
① メンバーは6人が原則だが、それより多くても、少なくても可能です。机は円か四角形で組むのが普通です。
② テーマは自由ですが、具体的に設定します。テーマは、リーダーが全員に提示します。
③ 各メンバーには手元に特定の用紙(ブレインライティング・シート)が手渡されます。最初の5分間で、テーマにしたがって、「I」の横に

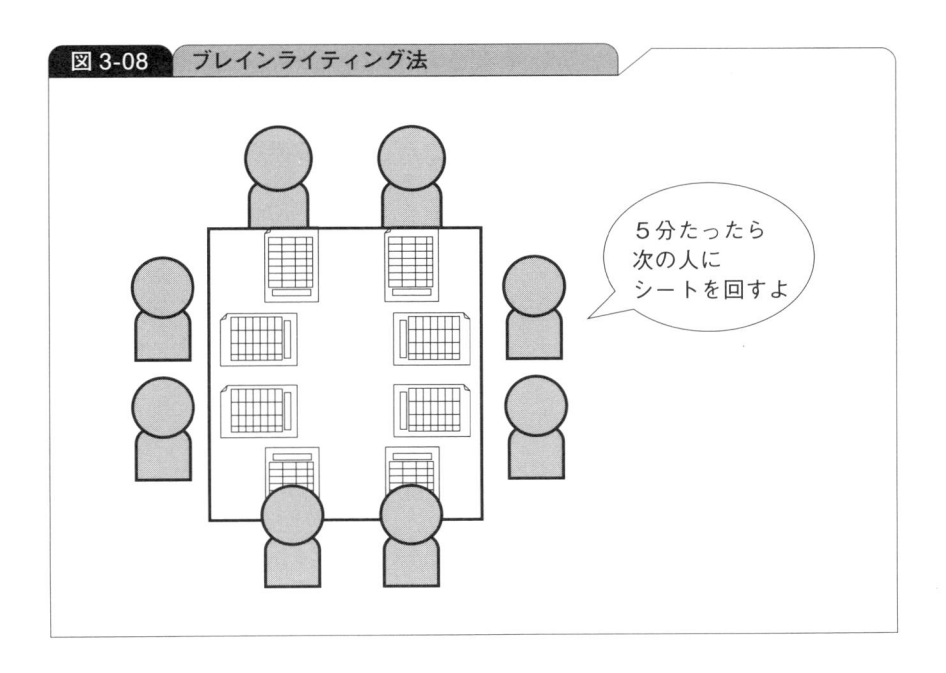

図 3-08　ブレインライティング法

（5分たったら次の人にシートを回すよ）

ある「A」「B」「C」の欄にアイディアを記入します。
④5分経過したら、リーダーの指示で各自は互いに自分のシートを左隣の人に渡します。次の5分間では、原則として、前の人が書いたアイディアを発展させるアイディアを出します。「Ⅱ」の「A」欄には、「Ⅰ」の「A」欄のアイディアを発展させたアイディアを考え、記入します。発展アイディアでなく、独自のアイディアを書いても構わないし、「Ⅰ」の「A」欄のアイディアを発展させたアイディアが2つ以上ある場合、そちらを優先して記入しても構いません。
⑤5分経過したら、また、リーダーの指示で各自は互いに自分のシートを左隣の人に渡します。これを繰り返して、シートを埋めていきます。6人で5分のセッションを6回、1人3案ですから、合計108（6×6×3）のアイディアを創出することができます。
⑥最後はアイディアを評価してまとめます。手元のシートの中から特によいアイディアを各自が3つずつくらい発表し、全員で評価するというやり方が一般的です。

(3) 実践的ブレインライティング法

ブレインライティング法は特定のシートが必要であるという固定観念があるため、製品開発の現場では敬遠されることがあります。「シートがないからできない」とあきらめられてしまうのです。ブレインストーミング法は、メンバーさえいれば、すぐに実施できると思われているのとは大きな差があります。

しかし、実際にはブレインライティング法も紙とペンがあればすぐにはじめることができます。A4の用紙を縦に4つ、横に4つに折れば、4×4=16マスの簡易ブレインライティング・シートができあがります。

「6・3・5」（6人の参加者が、3つずつアイディアを、5分ごとに考え出す）にこだわる必要はありません。時間や人数も杓子定規に考える必要はな

く、4人でも5人でもできるし、「全員が1段目の4つのマスにアイディアを書き終えたら交換」とすれば、時間も自由に設定することができます。

図 3-09　白紙を使ったブレインライティング・シート

正式なブレインライティング・シートが手元になくても、オフィスにあるＡ４用紙などを縦に4分割、横に4分割するだけで、簡易ブレインライティング・シートを作ることができます

section 5 　新製品開発戦略

アイディアの創出法③
さまざまなアイディア創出法

　ブレインストーミング法とブレインライティング法以外にも、製品開発の際に用いるアイディア創出法にはさまざまなものがあります。ここでは、両者の比較を試みるとともに、さまざまなアイディア創出法を比較研究してみましょう。

(1)　ブレインストーミング法とブレインライティング法

　ブレインストーミング法とブレインライティング法の特徴や手順が理解できたところで、両者を比較してみましょう。

　ブレインストーミング法は、短時間で気軽にはじめられるという長所がありますが、一方で、一部の発言力が強い参加者の意見に流されるという短所があります。ブレインライティング法は、時間がかかるし、実

図 3-10　ブレインストーミング法とブレインライティング法

ブレインストーミング法が適している場合	ブレインライティング法が適している場合
①気軽にアイディアを出したい場合 ②優れたアイディアマンが多い場合 ③和気藹々とした雰囲気の会社の場合 ④時間が十分にとれない場合 ⑤キーワードレベルの列挙でよい場合	①発言力の弱い社員がいる場合 ②メンバー発言力に差がある場合 ③口数の少ない社員が多い場合 ④時間が十分にとれる場合 ⑤細かい文章でのアイディアがほしい場合

際に文字に表す作業を伴うため、気軽さという点ではブレインストーミング法にかないませんが、発言力の弱い参加者にも平等に時間と用紙を与えることができるという機会均等のメリットがあります。

実際の製品開発のためのアイディア創出の際には、時と場合に応じて、両者を上手に使い分けることが大切です。

(2) 自由発想法と強制発想法

製品開発の際に用いるアイディア創出法には、大きく分けて、自由発想法と強制発想法との2種類があります。

①自由発想法

連想するとき、あるテーマについて思いつくまま次々とアイディアを出すことを自由連想といいます。自由連想という用語は、もともとはフロイトの精神分析で用いられた用語で、自由連想により自然と問題解決の切り口を発見できるというメリットが確認されています。「いろいろ考えたり、話をしたりするうちに問題が整理できた」「わいわいがやがやとやりとりをするうちに、新しい製品のコンセプトが明確になった」といった経験は誰にでもあるものです。自由連想を使った技法を自由発想法といいます。代表例は、ブレインストーミング法とブレインライティング法ですが、ブレインストーミング法にはさまざまな派生技法があります。ここでは、ゴードン法を紹介します。

②強制発想法

あるテーマに対して、たとえば「反対語を思い浮かべなさい」というような特定の方向で答えさせるやり方を、心理学の世界では制限連想といいます。この考え方を用いた連想法を強制発想法といいます。

「新しい携帯電話のアイディア」を考えてみましょう。自由発想法では、何もヒントはありません。「思いつくまま考えてください」ということになります。しかし、強制発想法では、「現在よりも小さくできませんか」

「デザインを変えませんか」「機能面での提案はありませんか」「通信方式を変更できませんか」等々、具体的な思考の方向を指示します。連想の範囲を強制的に制限することによって、思考を集中させるとともに、より具体的なアイディアを発想させることができるというメリットがあります。

強制発想法の代表例は、次に述べる属性列挙法です。

(3) 属性列挙法

属性列挙法は、ネブラスカ大学のR.クロフォードが考案した、強制発想法の一種です。物や対象物の特性を洗い出し、発想につなげる方法

図3-11　オズボーンのナイン・チェック・リスト

リスト		内容	携帯電話の場合の例
①	転用	そのままで新しい用途はないか。改造して他の使い道はないか	インターネット端末として使う
②	応用	何か似たものはないか（過去も含めて）。何かの真似はできないか	PHSの長所を取り入れられないか
③	変更	意味、色、動き、音、匂い、様式、型を変化できないか	着信メロディをつける、スケルトンボディにする
④	拡大	追加、時間、頻度、強度、長さ、価値、材料、複製、誇張	待ち受け時間を長くする、電話帳の登録件数を増やす
⑤	縮小	減らす、小さく、濃縮、低く、軽く、省略、分割、内輪	100gを切れないか
⑥	代用	人を、物を、材料を、製法を、動力を、場所を	携帯パソコンを電話の代わりにできないか
⑦	再配列	要素を、型を、レイアウトを、順序を、因果を、ベースを	通信方式を新しくできないか
⑧	逆転	反転、前後転、左右転、役割転換、上下を変える	家の中で子機として使えないか
⑨	結合	ブレンド、合金、ユニットを、目的を、アイディアを	PHSと合体できないか

です。「問題を細かくするほどアイディアは出やすくなる」という考えに基づいています。製品改良の場面でよく用いられます。

ブレインストーミングのテーマを考える際、問題を細かに分けて考えるのに有効です。たとえば、テレビの改良を考える際、「材質は」「製法は」「ディスプレイは」「デザインは」「色は」「厚さは」「重さは」「携帯性は」等、なるべく細かな特性に分けて、それぞれにアイディアを考えていこうというものです。

具体的には、チェック・リストを活用する場合がほとんどで、これにより抜け落ちがないように確認できます。オズボーンの考案したナイン・チェック・リスト（オズボーンのナイン・チェック・リスト）が有名です。

(4) ゴードン法

ゴードン法は課題を明らかにせず、抽象的なテーマを出して既存の固定観念から離れさせ、抜本的なアイディアを求める、ブレインストーミング法の派生技法です。

本当の課題を知っているのはリーダーだけです。「新しいコーヒー・メーカー」のアイディアを考えるのに、メンバーには「落とす」といったテーマを与えます。メンバーは「落とす」ためのいろいろなアイディアについてのブレインストーミングを行います。ブレインストーミングの最後に本当の課題を打ち明けます（打ち明けなくても構わない）。

メンバーから出されたアイディアがヒントになり、思わぬ発想が生まれることがあります。「涙」というアイディアがあれば、「涙腺の構造をコーヒー・メーカーに活用できないか」という方向性を見つけることができるかもしれません。

section 6　新製品開発戦略
アイディアのスクリーニング

　新製品のためのアイディアを審査し、できるだけ迅速によいアイディアを選び出し、取るに足らないアイディアを捨てることをアイディアのスクリーニングといいます。第一段階で収集・創出されたアイディアは、企業の経営戦略や標的市場などに基づいて取捨選択されます。

(1) ドロップ・エラーとゴー・エラー

　新製品のプロトタイプ（試作品）を開発するには、多額のコストを必要とします。スクリーニングは、企業にとって必要なアイディアを選別し、不必要なコストを節約する目的で行われます。

　しかし、スクリーニングの段階では、魅力的なアイディアを誤って捨てる危険（ドロップ・エラー）、魅力のないアイディアを誤って通過させること（ゴー・エラー）があります。

　これを防ぐためには、主観を排除し、客観に徹することが大切です。そのための方法として、ここでは、①二院制と②クール・オフ法を取り上げてみましょう。

(2) 二院制

　わが国の国会は、衆議院と参議院の2つの議会からなる二院制を採用しています。二院制とは、議会が2つの独立した合議機関からなり、両者が個々に議決した意思が一致したときにそれを議会の意思とする制度です。これは、相互に意思決定のチェックをするための仕組みであり、間違った意思決定をすることがないように設けられたシステムです。

新製品のアイディアが多数収集・創出された場合、アイディアのスクリーニングのために、二院制は有効な手段です。

　人は誰でも自尊心がありますから、自分が収集したり創出したアイディアを後から否定するのは苦手です。また、組織の中では、自分のアイディア以上に、他のメンバーが出したアイディアを露骨に否定することもはばかられます。役員や上司・先輩が出したアイディアであれば、なおさら否定は難しくなります。

　アイディアのスクリーニングの際に、二院制はこの問題の解決に役立つ方法です。

　具体的な方法は次のとおりです。

① アイディアの収集・創出を行うメンバーと収集・創出されたアイディアをスクリーニングするメンバーを事前に分けておく。

② はじめに、一方のグループがアイディアの収集・創出を行う。収集・創出したアイディアは、創出者の名前をふせておく（誰が出したアイ

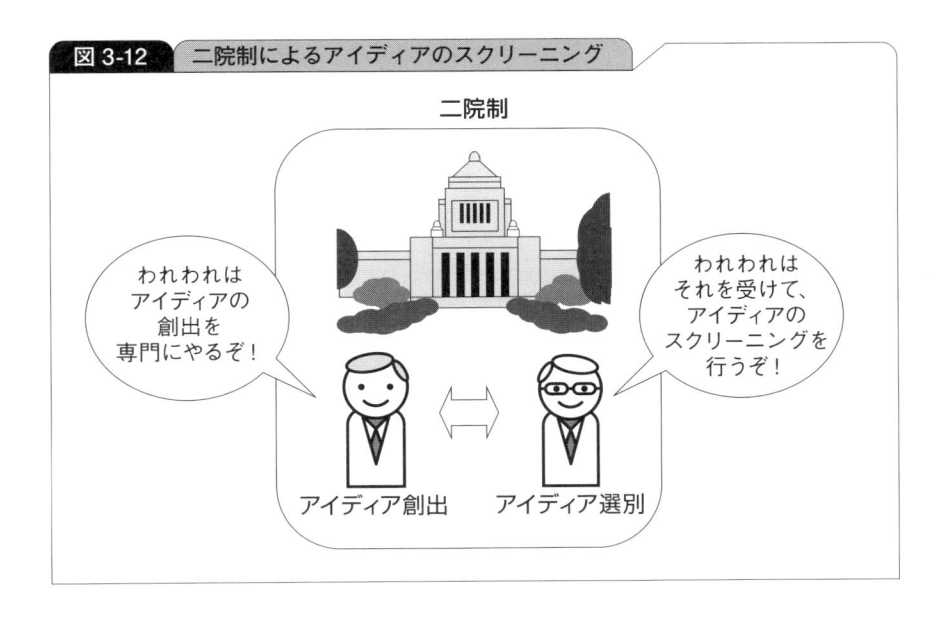

図3-12　二院制によるアイディアのスクリーニング

二院制

われわれはアイディアの創出を専門にやるぞ！

われわれはそれを受けて、アイディアのスクリーニングを行うぞ！

アイディア創出　　アイディア選別

ディアかは明らかにしない)。
③収集・創出したアイディアを、別室に待機している他方のグループに届ける。
④他方のグループで、冷静に、収集・創出されたアイディアをスクリーニングする。

　二院制を用いると、アイディアを収集・創出したメンバーの顔色をうかがうことなくスクリーニングができるため、客観的なスクリーニング作業を行うことができます。

(3) クール・オフ法

　二院制を中小企業で導入する場合、「アイディアの収集・創出とアイディアのスクリーニングを行うメンバーを分けるほど、社内に人材がない」という問題が発生することがあります。大企業でも、製品開発部門の人員が少ない場合には同様の問題が生じます。

　二院制が採用できない場合には、クール・オフ法という手法を使います。アイディアの創出後、同じメンバーでアイディアのスクリーニングを行うのですが、創出とスクリーニングとの間に、十分な時間をあける方法です。

　「真夜中のラブレター」という言葉があります。真夜中に書いたラブレターを朝読み直してみると、恥ずかしくて修正したり加筆したくなるものです。

　新製品開発プロセスにおいても同様のことがいえます。アイディアを創出しているときには、実現可能性がないアイディアもどんどん出てきます。ブレインストーミングやブレインライティングを用いれば、アイディア創出中は批判されることがないため、実現可能性の低いアイディアもたくさん生まれてきます。

　自分のアイディアや自分の上位者のアイディアを、直後に露骨に否定

することは難しいものです。しかし、十分に時間を置いて判断すれば、これらのアイディアも冷静に、客観的に選別することができます。

　クール・オフとは「頭を冷やす」という意味です。

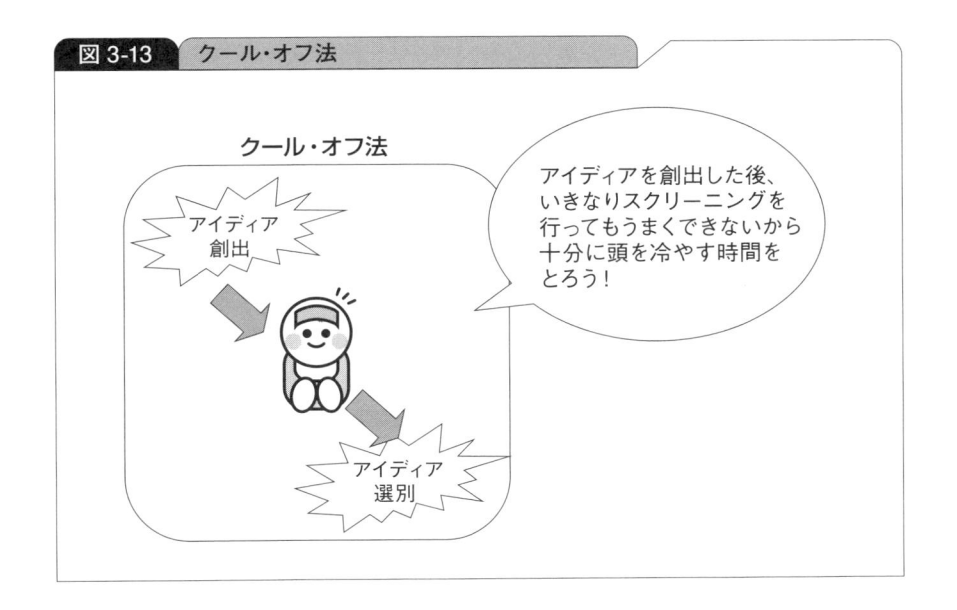

図 3-13　クール・オフ法

クール・オフ法

アイディア創出

アイディア選別

アイディアを創出した後、いきなりスクリーニングを行ってもうまくできないから十分に頭を冷やす時間をとろう！

section 7 　新製品開発戦略
事業性分析

　事業性分析は、スクリーニングをしたアイディアの事業性を分析する段階であり、製品開発戦略の要となる段階です。事業性分析の結果、「Go」サインが出れば、多大なコストが発生する本格的な製品開発段階に突入します。事業性分析の結果、問題がなければ、製品企画書を作成します。
　事業性分析は、定性的な分析と定量的な分析に分かれます。

(1) 定性的な分析

　定性的な分析では、主に顧客の選好を調査し、製品の特徴を明確化します。マーケティング・リサーチの結果を再び利用することもありますし、新たに追加のリサーチを行う場合もあります。
　この時点で、新製品のアイディアは製品コンセプトとしての性格を持ちます。アイディアは、製品の一般的な説明をしているにすぎませんが、コンセプトは、標的市場(ターゲット)の消費者ニーズに基づいた便益(ベネフィット) が示されます。これにより、製品のポジショニング分析が可能となり、定量的な分析を行うこともできます。

(2) 定量的な分析

　定量的な分析には、顧客分析、競合分析、コスト分析の3つがあります。頭文字をとって、事業性分析の3Cと呼びます。
①顧客分析（需要分析・市場分析）(customer analysis)
　潜在売上高や成長性、消費者の購買率などを短期、長期的に分析します。

図 3-14　事業性分析の3C

【例】顧客・市場が存在し、十分な需要が見込めるのか？

顧客分析
(customer analysis)

【例】その製品開発にはどれくらいの費用がかかり、回収可能なのか？

【例】競合他社は似たような製品を販売したり、開発していないか？

コスト分析
(cost analysis)

競争分析
(competitor analysis)

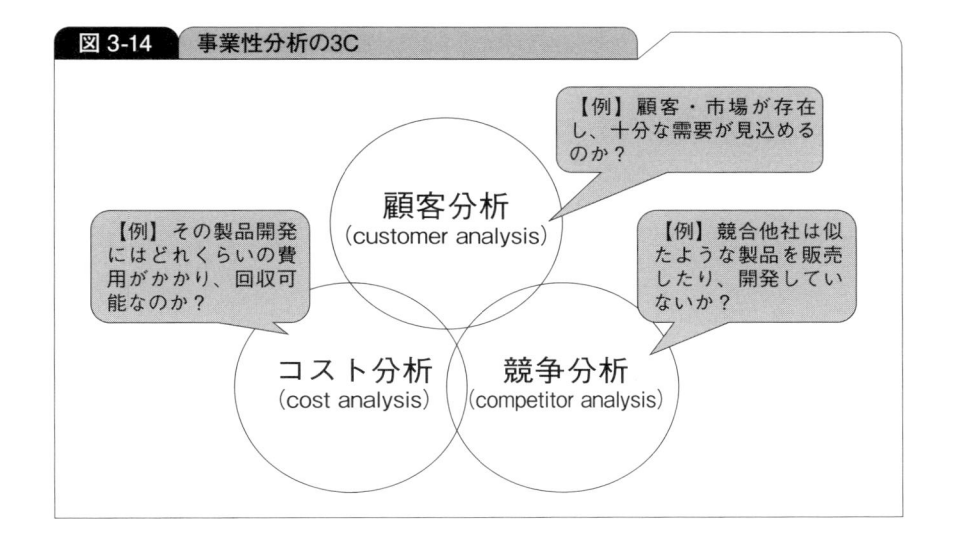

②コスト分析（cost analysis）

　コスト分析とは、総コスト、単位当たりコストを明確にし、損益分岐点、投資回収期間などを予測する分析です。ここでは、損益分岐点分析の簡単な解説にとどめます。

　製品を1個売るごとに発生する利益を限界利益といいます。限界とは通常の意味で用いる「物事のこれ以上はないというぎりぎりの境目」ではなく、「1個当たりの」という特別な意味です。製品の売上高から、製品の仕入原価などの変動費（製品1個ずつに発生する費用で、製品の数によって総額が変動するという意味）を引いたものが限界利益です。製品の売上高または価格に対する限界利益の割合を限界利益率といいます。

　原材料を仕入れて、ペンを製造するのに1本当たり120円かかるとしましょう。このペンを200円で販売すれば、限界利益は、「200－120=80」ですから、80円です。この場合、「このペンを1本売れば80円の儲けがある」という意味で、「このペンの限界利益は80円だ」となり

ます。価格に対する限界利益の割合を限界利益率といい、この場合、「80÷200=0.4」となり、パーセントで表示すれば40％ですから、「このペンの限界利益率は40％」となります（逆に変動費率は60％）。

一方、企業には変動費とは別に固定費という費用が発生します。製品の仕入原価などは変動費ですが、家賃などは固定費です。製品の売上個数にかかわらず、固定的に発生する費用という意味で固定費といいます。限界利益が生じても、その総額が固定費を上回らなければ、最終的には赤字です。

損益分岐点とは、限界利益の合計が、固定費とちょうどトントンになる状態（収支トントン）を指す財務用語です。先ほどのペンを製造する企業で、家賃などの固定費の合計が400万円であれば、価格200円、限界利益率80円（限界利益率40％）のペンを何本売れば、固定費をまかなうことができるでしょうか。「400万÷80=5万」ですから5万本です。このペンが5万本売れたところで、ちょうど収支トントンとなります。

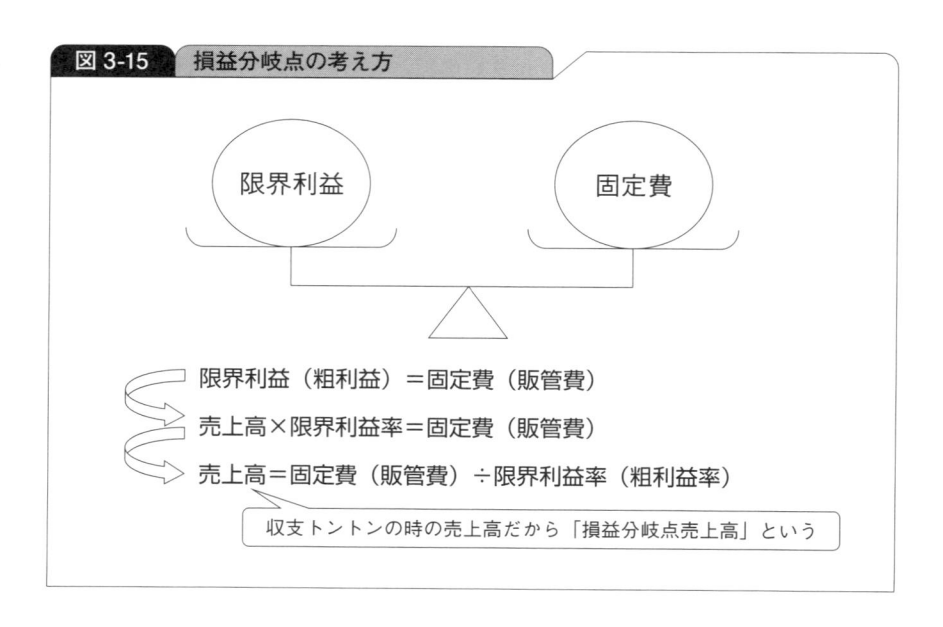

図 3-15　損益分岐点の考え方

限界利益　　固定費

限界利益（粗利益）＝固定費（販管費）
売上高×限界利益率＝固定費（販管費）
売上高＝固定費（販管費）÷限界利益率（粗利益率）

収支トントンの時の売上高だから「損益分岐点売上高」という

これを「このペンの損益分岐点は5万本だ」と表現します。

需要予測が4万本しかなければ、このペンを作れば赤字になりますから、製品開発の意思決定は断念されるでしょう。需要予測が6万本であれば黒字になりますから、他の分析（顧客分析、競争分析など）結果に問題がなければ、製品の開発が決定されるでしょう。

③**競争分析**（competitor analysis）

競争分析とは、競合他社の類似製品や潜在的な競合企業、市場獲得シェアなどを分析します。競争分析の最も有名なフレームワークは、ポーターの「5つの競争要因」分析です。企業の競争戦略を考える前提として、業界内競争・売り手・買い手・新規参入・代替品という5つの視点で検討するフレームワークです。簡便な分析フレームワークですが、今まで気づかなかった競争企業の存在をあぶり出すためには有効な手法です。

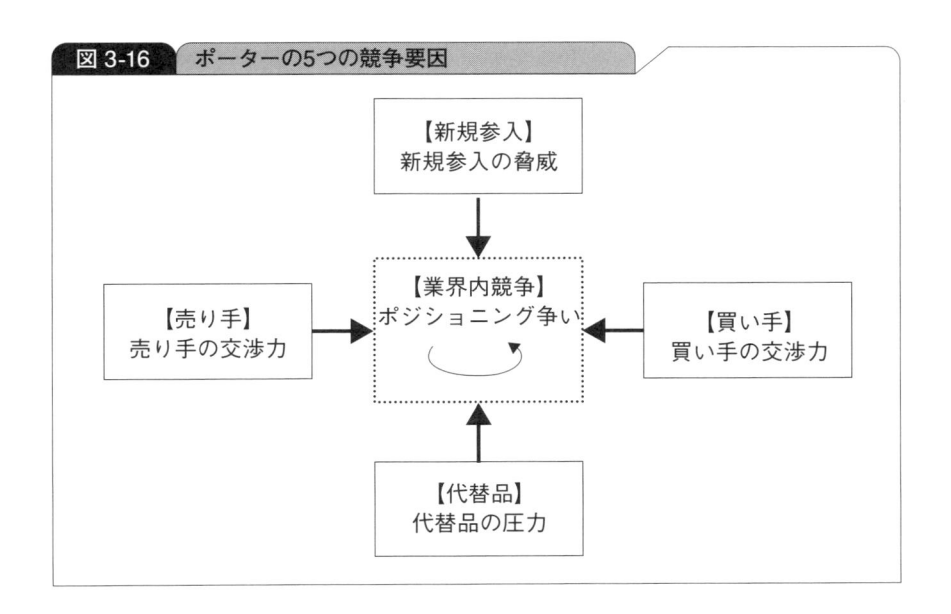

図 3-16　ポーターの5つの競争要因

【新規参入】
新規参入の脅威

【売り手】
売り手の交渉力

【業界内競争】
ポジショニング争い

【買い手】
買い手の交渉力

【代替品】
代替品の圧力

section 8　新製品開発戦略
製品企画書

　製品企画書とは、製品の概要、プロダクト・マーケティングの概要についての企画をまとめた書類です。ここでは、製品企画書に盛り込むべき項目を中心に確認しましょう。

(1) 製品企画書の目的
　新製品や新サービスを提案する際、経営者に向けた企画書にまとめる必要があります。様式はさまざまですが、製品コンセプトと製品仕様だけをまとめても、企画書としては不完全です。
　製品を中心に、マーケティング戦略全般について語られている企画書となっていなければなりません。盛り込むべき項目は、英語の疑問詞に5W2Hがありますが、これを拡張して6W3Hで考えます。

(2) 企画書の具体的項目
①企画の動機
　新製品企画の動機にはいろいろなものが考えられます。自社のシーズ、顧客のニーズ、競合他社の動向、原材料価格の動向などです。企画書の中心は、顧客のニーズになりますが、それ以外の項目について必要に応じて記述し、当該製品の必要性を訴求します。
②製品の紹介
　製品そのものについての記述です。前述したコトラーの3層構造モデル、5層構造モデル、あるいは、「モノからコトへ」の発想に基づき、物理的な製品や表面的なサービスについてのみ述べるのではなく、その

図3-17　製品企画書の必要項目(6W3H)

何を（What）	どんな製品を作るのか
なぜ（Why）	なぜその製品を作る必要があるのか
誰が（Who）	どの部署で企画し、どの部署で生産・販売を行うのか
誰に（Whom）	ターゲットとなる顧客は誰なのか
どのように（How）	広告、パブリシティ、セールス・プロモーション、人的販売などの販売促進をどう展開するのか
いくらで（How much）	いくらで売るのか、いくら儲かるのか 必要な予算や設備投資額はどの程度か
どれくらい（How many）	どのくらいの量を作るのか、どれくらいの数を売るのか
いつ（When）	いつ頃から生産・販売を開始するのか どういうスケジュールで開発するのか
どこで（Where）	仕入れや原材料供給はどこから受け、販路としてはどこを確保するのか

製品が市場や顧客にとってどのような便益（ベネフィット）をもたらすのか、付随するサービスはどのようなものかを明らかにします。その上で、細かな製品の仕様についても述べます。

③担当部署・組織の提案

　当該製品を担当するのはどこの部署かを明らかにします。企画・開発の担当者名、生産する工場の指定、販売する事業部や営業部についても提案します。

　既存の部署にとらわれることなく、当該製品を生産・販売するために必要な新規の組織を提案しても構いません。自社内にプロジェクト・チームを立ち上げる場合、新たな事業部を設置する場合、子会社を設立する場合など、明記します。

④標的顧客の設定

　マス・マーケティングなのか、ターゲット・マーケティングなのかを明確にし、主要標的顧客を明記します。年齢や性別、所得などのデモグラフィック変数による記述だけでなく、趣味・ライフスタイル・職業などのサイコグラフィック変数による記述も大切です。既存顧客なのか、新規顧客なのかという区分も必要です。

⑤価格

　プロダクト・マーケティングとプライス・マーケティングは、価値創造戦略という一括りの中で表裏一体となっています。よい製品を適切な価格で提供することで、顧客が享受できる製品の価値（顧客価値）は最大になるからです。

　したがって、製品の魅力をアピールするためにも、予定価格は明示する必要があります。

⑥生産・販売数量の予測

　消費者へのアンケートや得意先への意見聴取、業界の統計データなどから、当該製品の生産・販売数量の予測を行います。需要予測が困難な場合もありますが、企画書の中では、予測の根拠を明示します。経営者が、開発に踏み切るかどうかを判断するための大切な指標であり、上記の「価格」にも大きな影響を与えるデータです。

⑦開発・生産・販売スケジュール

　製品開発のシナリオを時系列で示します。いつまでに開発の決定を受け、いつまでに製品の開発を行い、いつどこでテスト・マーケティングを行い、本格的な生産と販売のスタートはいつにするのか、等を具体的に記述します。経営者が、事業としての実現可能性を判断する上で重要な項目です。

⑧仕入チャネルと販売チャネル

　製品の原材料の供給ルートや製品の仕入ルートについての記載です。

具体的な企業名で明記し、その企業に対する評価も加えるべきです。販路についても同様です。この段階で得意先と当該製品の販売契約がなされていることは稀ですが、何らかのコンタクトをとっているのであれば、その状況について記します。

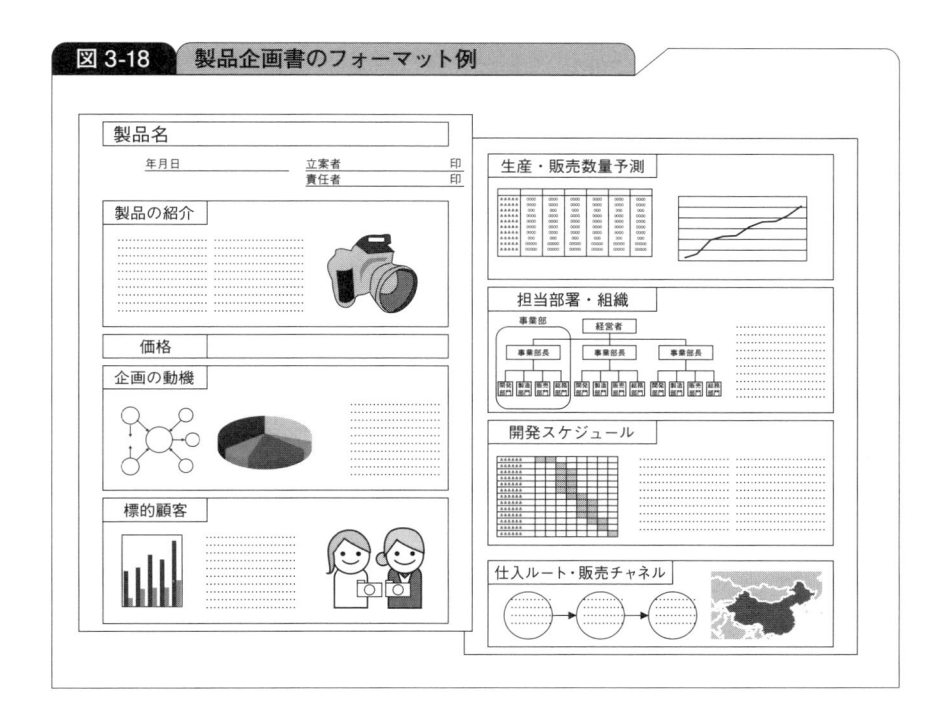

図 3-18　製品企画書のフォーマット例

section 9　新製品開発戦略

テスト・マーケティング

　テスト・マーケティングとは、新製品の開発段階で、より実際的なセッティングの中で製品と他のマーケティング・ミックスをテストすることです。

(1) テスト・マーケティングの一般的な方法
①開放型テスト・マーケティング
　開放型テストとは、代表となる都市を少数選び、そこで大規模なマーケティング・ミックスを展開する方法であり、最も一般的なテスト・マーケティングの手法です。テストの規模が比較的大きくなるため、コストと手間、時間がかかるというデメリットがありますが、本格的市場展開時との条件が近いため、精度の高いテストを行うことができます。
②閉鎖型テスト・マーケティング
　閉鎖型テストとは、新製品を置かせてくれるパネル・ストア（テスト実施店）に依頼して、料金を支払ってコントロールする方法です。懇意にしている小売店があれば、パネル・ストアとなってもらうよう交渉し、協力をあおぐことで、メーカー側はほとんど費用を負担することなくテストを行うことができます。直営店を持っているメーカーの場合、直営店を利用すれば、外部への支払いは発生しません。
　パネル・ストアは無作為に抽出することはできません。自社に好意的な市場でのテストとなり、テスト結果が甘めに出ることが多く、本格的市場導入の際に、テスト結果と異なる厳しい現実に直面するというリスクがあります。自社をひいきにしてくれる小売店をパネル・ストアとし

て選んだ場合、テスト結果はある程度、割り引いて考える必要があります。

(2) テスト・マーケティングの留意点
①地区の決定
　テスト・マーケティングを行う地区は、母集団となる市場とよく似た市場を選択するのが一般的です。日本全国を母集団とする場合、人口統計学的環境がよく似た静岡市が、アメリカ全土を母集団とする場合、人口統計学的環境がよく似たテキサス州を選択する企業が多いのはこのためです。

②過剰テストによるチャネル破壊現象への留意
　あまりにも熱心なテスト・マーケティングは、アンケート調査・販売についての各種報告書・意見聴取のための会議への出席などを販売担当者・代理店等に強いることになり、チャネル戦略上、トラブルとなる場合があります。

　優秀な店舗や販売店をテスト・マーケティングの対象として選択し、よい結果を残したいという製品開発担当者の思い入れから、さまざまなメーカーのさまざまな部署からのテスト・マーケティングの依頼が重なり、取引関係に亀裂が生じるというケースもあります。最悪の場合、取引停止などのチャネル破壊現象を引き起こすので注意が必要です。

　テスト・マーケティングには一定のルールを設け、テスト対象店舗の迷惑にならないよう、マナーを守ることが大切です。

(3) シミュレーション型テスト・マーケティング
　シミュレーション型テスト・マーケティングとは、一定の資格を満たす数十人の顧客を集め、特定の製品カテゴリー（【例】化粧品）におけるブランドをどのくらい知っているか、好んでいるかを質問する方法で

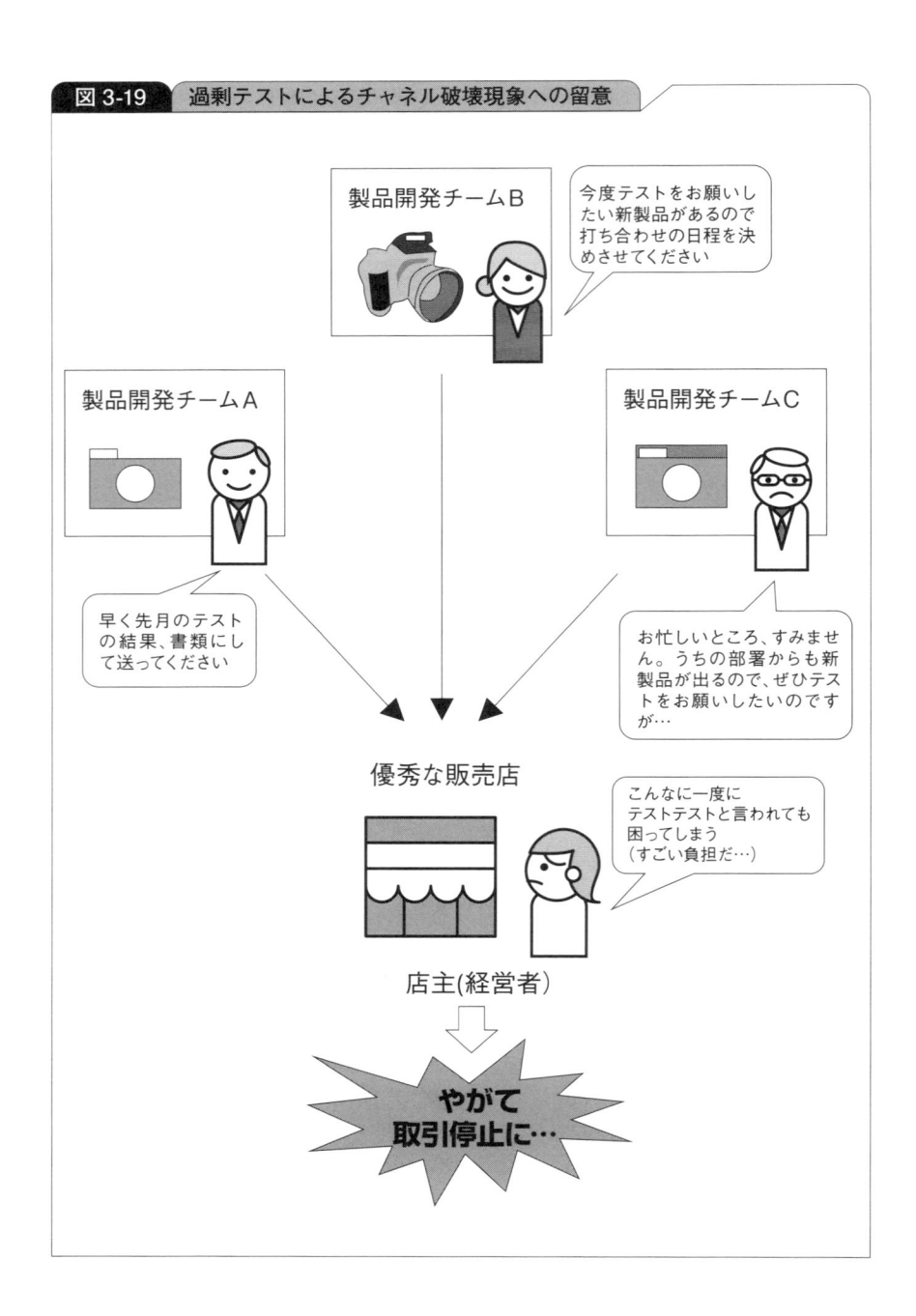

図 3-19　過剰テストによるチャネル破壊現象への留意

製品開発チームB
今度テストをお願いしたい新製品があるので打ち合わせの日程を決めさせてください

製品開発チームA
早く先月のテストの結果、書類にして送ってください

製品開発チームC
お忙しいところ、すみません。うちの部署からも新製品が出るので、ぜひテストをお願いしたいのですが…

優秀な販売店
こんなに一度にテストテストと言われても困ってしまう（すごい負担だ…）

店主(経営者)

やがて取引停止に…

す。

　選ばれた顧客には、おなじみのテレビCMや印刷媒体と新しいテレビCMや印刷媒体を短時間で見たり、読んだりしてもらいます。その中には新製品の広告や媒体が混じっていますが、この時点では特に説明をしません、その後、参加者に一定のお金を渡し、実際に店舗（【例】化粧品店）を回って好きな製品を買って来てもらいます。そのうち、何人が自社の新製品を選択・購買し、何人が競合他社の製品を選択・購買するかをチェックします。このテストによって、自社の新製品の広告が、試用購買の刺激にどの程度の効果を持っているかを事前予測することができます。自社製品を購買した場合も、競合他社製品を購買した場合も、戻ってきた顧客は、アンケートや面接を通じて、その理由を問われます。

　シミュレーション法は、本格的なテスト・マーケティングに比べると、短時間で、かつ少額の費用で行えるというメリットがあります。

(4) 生産財のテスト・マーケティング

　生産財のテスト・マーケティングは通常、2つの段階で設定されます。第一段階がアルファ・テストです。アルファ・テストは、社内で行うテストです。第二段階がベータ・テストです。ベータ・テストは、社外の顧客を対象に行うテストです。

　ベータ・テストの期間中、メーカーの技術者はテスト対象の顧客が製品を使用する様子を観察します。それによって安全面やサービス面、運用面などにおける、予期しなかった問題点を明らかにすることができます。

　ベータ・テストを経て得られたデータは、顧客に対して行うべきサービスや製品の使い方等についてのトレーニング内容を確認・修正し、取扱説明書を製作する際の参考資料として活用できます。

section 1　新製品普及プロセス
section 2　プロダクト・ライフサイクル①　理論の概要
section 3　プロダクト・ライフサイクル②　導入期と成長期
section 4　プロダクト・ライフサイクル③　成熟期と衰退期
section 5　製品ライフサイクル延命化戦略
section 6　拡張型プロダクト・ポートフォリオ・マネジメント

PART 4

既存製品活性化戦略

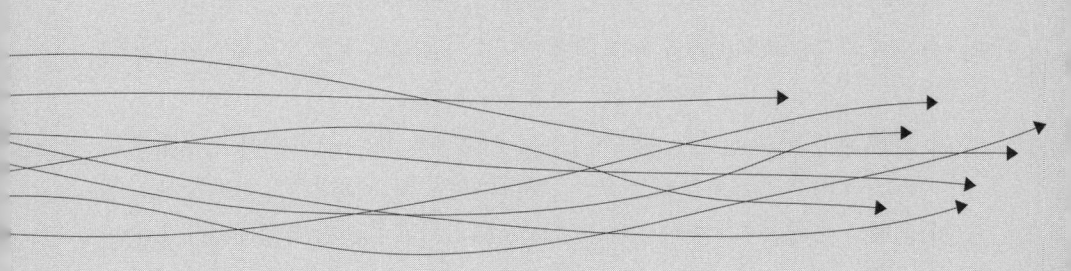

今ある製品を
もう一度ヒットさせるための
工夫を探る

section 1　既存製品活性化戦略
新製品普及プロセス

　新製品の普及プロセス研究では、新製品が消費者に購買されて普及していく過程の中で、他人の影響について説明しています。この研究の代表的な研究者は、E.M.ロジャースです。

　ロジャースは、新製品の開発や新しいサービス、アイディアなどのすべてのものを、イノベーション（革新・新機軸：innovation）としてとらえており、新製品などが、消費者によって購買または採用され、市場全体に普及していく過程をモデル化しています。

　新製品の普及プロセス研究では、消費者が新製品を購買する時期によって、消費者をイノベーター（革新者）、初期採用者、前期大衆、後期大衆、遅滞者の5つのグループに分類し、製品が市場に浸透する過程を説明します。

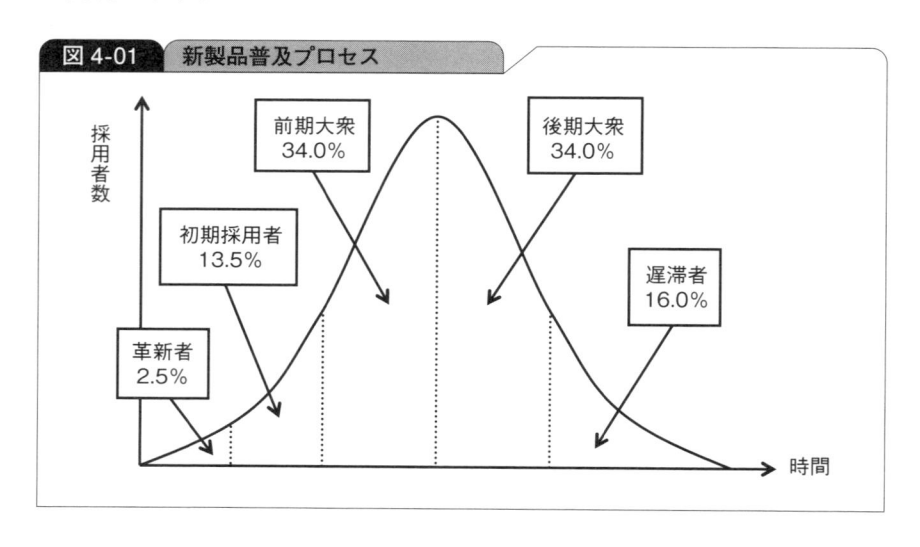

図4-01　新製品普及プロセス

（縦軸：採用者数、横軸：時間）

- 革新者　2.5%
- 初期採用者　13.5%
- 前期大衆　34.0%
- 後期大衆　34.0%
- 遅滞者　16.0%

(1) イノベーター（革新者）

　新製品や新しいサービスなどは、はじめに、最も情報感度が敏感な、市場全体の2.5％に該当する「イノベーター（革新者）」に購買されます。

　イノベーターは、新製品や情報を試してみることに熱心で、その結果として生じるリスクをも進んで引き受けます。イノベーターのもつ価値観は、社会の価値観から逸脱しており、投機性を含んだものです。イノベーターは革新性が高いのですが、大衆に対するオピニオン・リーダーにはなりえません。

　標準的なプラズマディスプレイ・テレビの価格がまだ100万円以上で、一般の消費者が見向きもしない頃に、あえて購買する層がイノベーターです。彼らの行動を見て、他の顧客から「いいなあ。よし、私も買おう」と思われる場合は稀で、「もう、プラズマディスプレイ・テレビを購買したんだ。まだ高価格なのに、よくやるなあ」と冷笑されるのが、イノベーターのイメージです。大衆はイノベーターの購買行動には追随しません。

(2) 初期採用者

　次に、新製品や新サービスは、社会で最も尊敬を受けているオピニオン・リーダーである、市場全体の13.5％に該当する「初期採用者」によって購買されます。

　オピニオン・リーダーとは、家族や友人などの小集団（スモール・グループ）の中にあって、個人的な接触をとおして他の人々に影響力を与える人のことです。初期採用者は、進取の気質に富んでおり新しい動向に敏感ですが、反面、自分たちの社会の価値観にも十分に気を配っています。初期採用者は、他の大衆から見れば生活のモデルとなる存在です。

　イノベーター（革新者）がやや「変人」のイメージがあったのに対し、初期採用者はオピニオン・リーダーとして「尊敬の対象」として見られ

ています。

　新製品やサービスの普及を軌道に乗せようとした場合、初期採用者へのプロモーションが最も重要です。少数の初期採用者に新製品やサービスを採用してもらうことができれば、後は労せずして、前期大衆・後期大衆に製品・サービスを普及させることができるからです。

　最大のボリューム・ゾーンである前期大衆・後期大衆に最もマーケティング・コストをかけることが、効果が高いように感じますが、これは間違いです。化粧品のサンプルを配布する場合を考えてみましょう。前期大衆・後期大衆にあまねくサンプルを配布しようとすると、途方もないコストがかかってしまいます。しかし、少数の初期採用者にサンプルを配布し、当該化粧品を購買してもらえれば、前期大衆・後期大衆にサンプルをあまねく配布しなくても、彼らは初期採用者を見て追随し、黙ってその化粧品を購買してくれます。

　新製品の普及プロセス上、最も大きなポイントは、初期採用者へのプロモーションです。

(3) 前期大衆

　初期採用者に普及した製品は、続いて、社会の平均的な人々であり、市場全体の34.0%を占める「前期大衆」によって購買されます。

　前期大衆は、社会集団において、そのメンバーが購買する平均的な時期に新製品を購買します。前期大衆は、仲間と一緒になって行動することが多く、リーダーシップを発揮することは稀です。

(4) 後期大衆

　新製品や新サービスは、前期大衆に続いて、新製品に対して慎重な人々であり、市場全体の34.0%を占める「後期大衆」によって購買されます。

　後期大衆は、社会集団において、そのメンバーが購買する平均的な時

期よりも後になって新製品を購買します。後期大衆は、社会集団の大多数が購買するまで慎重にその動向を見守り、社会的に十分に支持されるとわかった後で新製品を購買する習慣を持っています。

(5) 遅滞者

最後に、新製品などの新しい変化を好まない人々であり、市場全体の16.0％を占める「遅滞者」によって購買され、新製品の普及プロセスが終了します。

遅滞者は、オピニオン・リーダーシップをまったく持っておらず、その判断基準は過去の評判や評価です。遅滞者は、伝統的な価値観を持っている人々と交流します。

遅滞者によって新製品を購買される段階になると、すでにイノベーターは、次の新製品や新しいサービスを購買し、採用しはじめます。

新製品の普及プロセス研究において重要なことは、最初に、自社の新製品に対するイノベーターの度合が市場の中でどの程度あるのか、その結果によって新製品の普及プロセスがどのように進行していくのかを予想することです。次に、オピニオン・リーダーである初期採用者を把握し、彼らへのプロモーションをいかに展開するかを考える必要があります。

section 2　既存製品活性化戦略

プロダクト・ライフサイクル①
理論の概要

　プロダクト・ライフサイクル（製品ライフサイクル；PLC；product life cycle）とは、製品の一生を人間の一生になぞらえて考えられた概念です。製品にも、人間と同じように寿命があるという考え方です。製品ライフサイクル理論は、製品概念をとらえ、既存製品活性化戦略を考える上で、中心的な役割を果たす考え方です。

(1) プロダクト・ライフサイクルの概要
　プロダクト・ライフサイクルとは、ある製品が市場に登場してからやがて消え去るまでに、その売上と利益がたどる変化のプロセスです。
　一般的には、新製品が市場に導入されると、企業は、できる限り長い製品寿命を得て、できる限り長い期間多くの売上と利益（額）を得ようと試みます。しかし、製品が永久に寿命を保つことは困難です。人間の寿命と同じく、多くの製品にはライフサイクルがあります。

(2) プロダクト・ライフサイクルの4段階
　プロダクト・ライフサイクルは、導入期にはじまり衰退期に至る4つの段階に分けることができます。
　各段階の期間は、製品のクラス、ブランドなどによって異なります。製品によっては、導入後すぐに売上が急速に上昇し、成熟期を経ずに短期間で衰退期を迎えるファッドと呼ばれるものや、成熟期を長く過ごすロング・セラー（定番製品）などもあります。
　繊維やナイロンのように新しい用途を発見したり、製品を改良して、

衰退期の製品を活性化させて、成長期に戻すことに成功している製品もあります。

このように、実際にはさまざまなタイプの製品ライフサイクルが存在します。こうした製品ライフサイクルの概念を慎重に活用することによって、製品ライフサイクルの各段階における効果的なマーケティング戦略が開発できます。

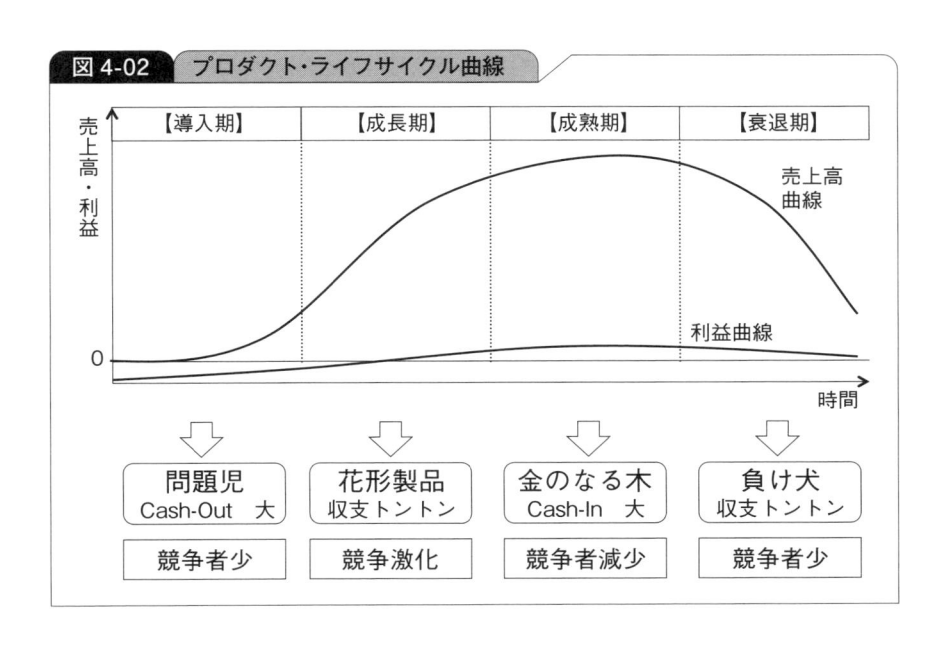

図 4-02　プロダクト・ライフサイクル曲線

縦軸：売上高・利益／横軸：時間

【導入期】→ 問題児　Cash-Out　大／競争者少
【成長期】→ 花形製品　収支トントン／競争激化
【成熟期】→ 金のなる木　Cash-In　大／競争者減少
【衰退期】→ 負け犬　収支トントン／競争者少

売上高曲線
利益曲線

PART 4　既存製品活性化戦略

section 3　既存製品活性化戦略

プロダクト・ライフサイクル②
導入期と成長期

　ここでは、プロダクト・ライフサイクルの前半部分に該当する導入期と成長期のマーケティングについて考えてみましょう。

(1) 導入期のマーケティング

①導入期の概要

　プロダクト・ライフサイクルのうち、企業が新製品を市場に導入する段階を導入期といいます。導入期は、製品の売上が伸びず、その上、販売促進などに多くのコストを必要とするため、利益は通常マイナスか、あったとしてもごくわずかです。赤字状態であることも珍しくありません。製品も完全とはいえず、改善の余地が多く残されています。

　顧客は新製品普及プロセス研究における革新者（イノベーター）が中心で、消費財であれば、非探索品に分類される状態です。競合他社はほとんど存在しません。

②導入期の課題

　導入期の最大の課題は、自社のブランド（製品の認知度）を確立し、市場を創造することです。多くの消費者は、市場導入された新製品のベネフィット（便益）や使用方法はもとより、その存在すら知らないからです。

　新製品に対する顧客の不安は大きいので、瑕疵のない製造にも配慮する必要があります。多くの企業が、マイクロソフトのOS、Windows7が出たからといって、社内のOSをXPやVistaから一朝一夕にWindows7に変更することはありません。リスクのないことを証明する

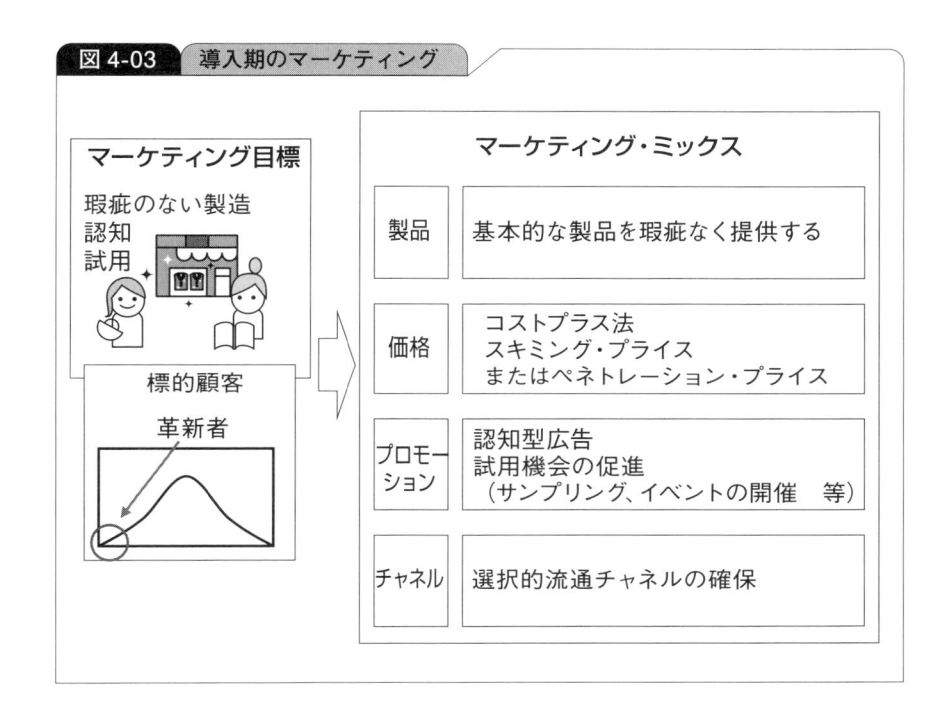

図4-03　導入期のマーケティング

マーケティング目標	マーケティング・ミックス	
瑕疵のない製造 認知 試用 標的顧客 革新者	製品	基本的な製品を瑕疵なく提供する
	価格	コストプラス法 スキミング・プライス またはペネトレーション・プライス
	プロモーション	認知型広告 試用機会の促進 （サンプリング、イベントの開催　等）
	チャネル	選択的流通チャネルの確保

ためには、新しいOSであるWindows7がバグの少ないソフトであることを、マイクロソフトが証明する必要があります。

　最近のデジタル・カメラは、プログラム上の不具合があった場合に、インターネットを通じて、プログラムの更新を行うことで、顧客の不安・リスク・不便を解消するように心がけています。「試してみたい」「使ってみようかな」と消費者に思わせることも大切です。消費者は口コミに対して、高い信頼を寄せているため、優良なブロガーに働きかけたり、サンプルを配布したりする活動も欠かせません。

③価格戦略とプロモーション戦略

　プロモーション戦略は、マス広告によりブランドの知名度を高めたり、取引先に自社のブランドを取り扱うように提案したりしなければなりません。

価格戦略は、一般にはコスト・プラス法が採用されます。しかし、上澄み吸収価格戦略・市場浸透価格戦略といった新製品向けの戦略的な価格設定法も活用されています。

(2) 成長期のマーケティング
①成長期の概要
プロダクト・ライフサイクルのうち、製品の売上が急速に伸びはじめる段階を成長期といいます。全体としての市場規模も急成長します。初期購買者が再購買するとともに、多くの新規購買者がオピニオン・リーダーである初期購買者に追随します。

新たなマーケティング機会をめざして、競争企業が類似製品を送り込んで参入してくるため、ブランド・ロイヤルティを確立することが重要になります。競合ブランド間で激しい競争が行われる時期です。

成長期の課題は、急速に成長する市場に対応するため、流通チャネル戦略を重視して、スムーズな市場浸透を図ることです。

成長期に入ると、当該製品の売上は急増し、利益はマイナスからプラスに転じます。顧客は初期採用者が中心で、まだ前期大衆・後期大衆には普及していません。競合他社が増加し、製品の付加価値や付随サービス面での競争が激化します。価格競争もはじまり、脱落する企業も出てきます。

②成長期の課題
成長期の課題は、拡大する売上に応じて生じるキャッシュフロー（収入）を、製品の改良のための研究開発費や製品のプロモーションのための費用として投入し、他社の類似製品との差別化を図ることです。この段階で他社に競り勝ち、市場シェアを獲得することができれば、その後は安定的なビジネスを展開することができるようになります。

価格競争を避けるために、付加価値の向上、付随製品（各種サービス・

図 4-04　成長期のマーケティング

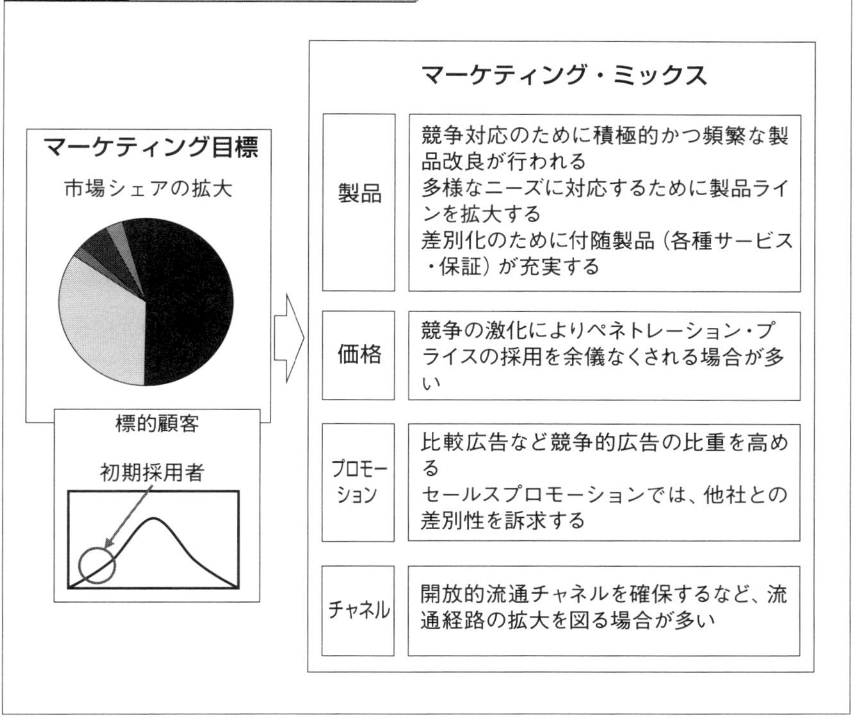

マーケティング目標
市場シェアの拡大

標的顧客
初期採用者

マーケティング・ミックス

製品	競争対応のために積極的かつ頻繁な製品改良が行われる 多様なニーズに対応するために製品ラインを拡大する 差別化のために付随製品（各種サービス・保証）が充実する
価格	競争の激化によりペネトレーション・プライスの採用を余儀なくされる場合が多い
プロモーション	比較広告など競争的広告の比重を高める セールスプロモーションでは、他社との差別性を訴求する
チャネル	開放的流通チャネルを確保するなど、流通経路の拡大を図る場合が多い

保証）の充実を図ります。

section 4　既存製品活性化戦略

プロダクト・ライフサイクル③ 成熟期と衰退期

　ここでは、プロダクト・ライフサイクルの後半部分に該当する成熟期と衰退期のマーケティングについて考えてみましょう。

(1) 成熟期のマーケティング
①成熟期の概要

　成熟期とは、プロダクト・ライフサイクルのうち、売上の伸びが鈍化するか、横ばいになる段階です。通常、プロダクト・ライフサイクルにおいて、この時期が最も長期化します。

　新規購買の需要よりも、買い替えや買い増しの需要が中心となります。売上はピークに達し、利益は高水準（黒字状態）にあります。新製品普及プロセスにおいては、最大のボリュームゾーンである大衆（前期大衆・後期大衆）が顧客となります。競合他社は安定または減少します。

　成熟期をいかにしてさらに長くするかが、プロダクト・ライフサイクルにおける戦略の要となります。

②成熟期の課題

　成熟期の課題は、自社ブランドの売上高を増大させるため、他社ブランドの市場シェアを獲得することです。

　ただし、競争企業との技術的な差異は少なくなるため、パッケージなど製品の副次的な機能で差別化が必要になります。ポジショニング分析による自社製品独自のポジションの確立が重視されます。プロモーション戦略では、イメージ広告が重視されます。売上の鈍化は競争圧力を高め、市場から撤退する企業が現れはじめます。

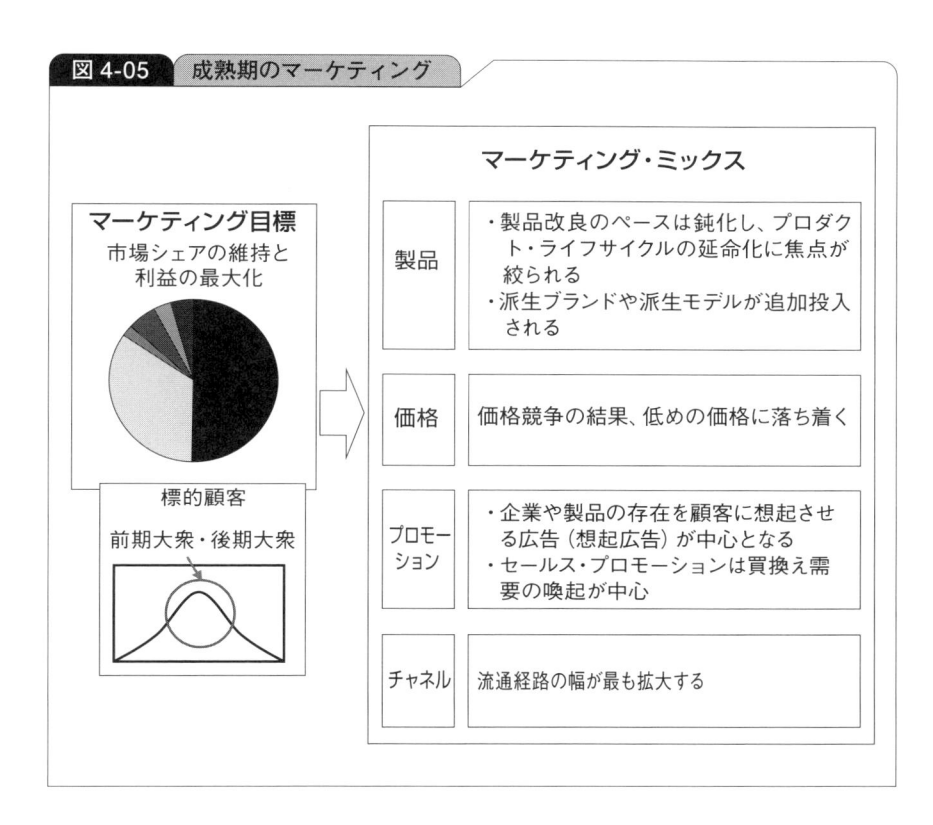

図 4-05　成熟期のマーケティング

マーケティング目標
市場シェアの維持と利益の最大化

標的顧客
前期大衆・後期大衆

マーケティング・ミックス

製品	・製品改良のペースは鈍化し、プロダクト・ライフサイクルの延命化に焦点が絞られる ・派生ブランドや派生モデルが追加投入される
価格	価格競争の結果、低めの価格に落ち着く
プロモーション	・企業や製品の存在を顧客に想起させる広告（想起広告）が中心となる ・セールス・プロモーションは買換え需要の喚起が中心
チャネル	流通経路の幅が最も拡大する

（2）衰退期のマーケティング

①衰退期の概要

　製品の売上高と利益高が急速に減少する段階です。消費者ニーズにマッチした他社の代替製品が参入することによって、自社の製品は衰退していきます。衰退の原因は、技術の革新やトレンド、政治的な規制、海外製品の進出などです。

　衰退期には、ブランドの全面的なモデル・チェンジを行うか、撤退すべきかの意思決定が求められます。モデル・チェンジを行う場合、単なる改良ではなく、イノベーション（技術革新）を伴ったものでなければなりません。新しい最適なマーケティング・ミックスを構築し、新しい

ポジショニングを行う必要もあります。

撤退する場合には、収穫戦略を採用し、追加投資をせずに利益を最大限に獲得しなければなりません。収穫戦略とは、売上高をできるだけ維持しながら製品にかけるコストを引き下げていく戦略です。

②衰退期の課題

衰退期にある製品に過度に投資を行うことは、経営効率を悪化させるばかりか、新たな製品への移行を阻害することになり、好ましくありません。この時期の重要な課題は、撤退のタイミングを見逃さないことです。

留意すべきことは、売上高の減少が必ずしも衰退期に結びつかない点

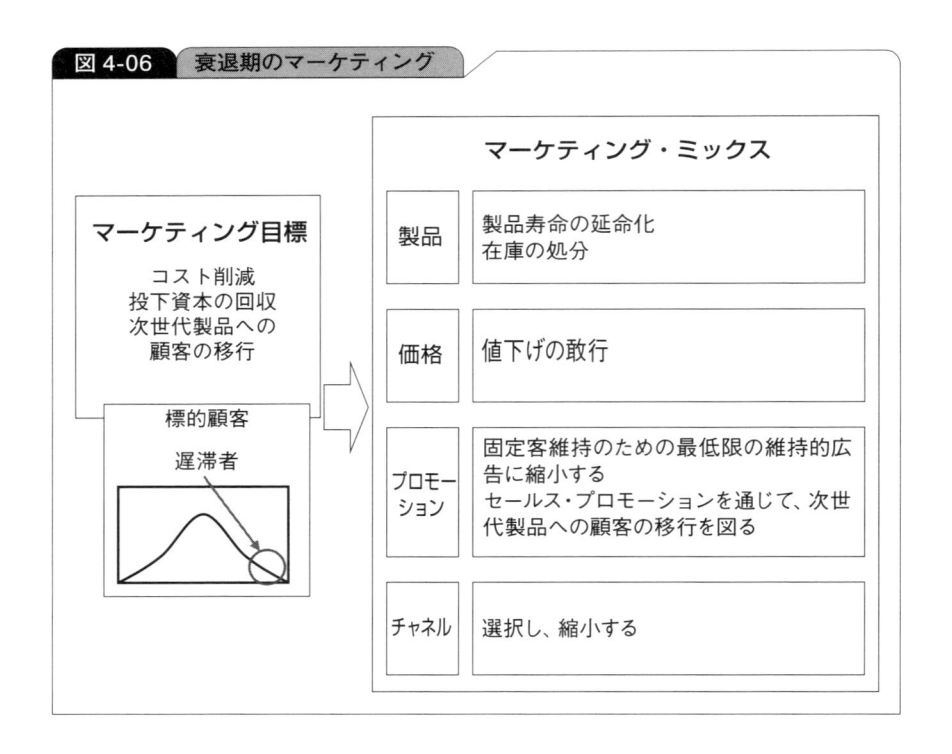

図4-06　衰退期のマーケティング

マーケティング目標
コスト削減
投下資本の回収
次世代製品への顧客の移行

標的顧客
遅滞者

マーケティング・ミックス

製品	製品寿命の延命化 在庫の処分
価格	値下げの敢行
プロモーション	固定客維持のための最低限の維持的広告に縮小する セールス・プロモーションを通じて、次世代製品への顧客の移行を図る
チャネル	選択し、縮小する

です。売上高の減少の原因が、製品の寿命からではなく、不適切なマーケティング戦略にある場合があるからです。マーケティング担当者は、売上高が減少傾向を示した場合、その正確な原因を分析し、成熟期を持続させる延命策を策定し、製品のライフサイクルを成長期へ若返るように努力しなければなりません。

図 4-07　プロダクト・ライフサイクルの段階別戦略

			戦略区分			
			拡大戦略	維持戦略	収穫戦略	撤退戦略
プロダクト・ライフサイクルの段階	導入期	問題児	◎			○
	成長期	花形製品	◎	○		
	成熟期	金のなる木		○	◎	
	衰退期	負け犬			○	◎

section 5　既存製品活性化戦略

製品ライフサイクル延命化戦略

　一般には、プロダクト・ライフサイクルはできるだけ長く保ちたいと企業は考えます。一度開発した製品の寿命を長く保ち、成熟期を長期化し、長期間、利益を確保したいと考えるからです。

(1) プロダクト・ライフサイクル延命化戦略

　日本テレビが毎年、夏に琵琶湖で『鳥人間コンテスト』を開催し、長寿名物番組のひとつになっています。コンテストの参加者は、湖畔に設置された高台から、手塩にかけて製作した飛行機に乗ってテイクオフします。大半の飛行機は、離陸後すぐに墜落したり着水してしまい、なかなか上手に飛ばすことはできません。しかし、なかには、優れた設計と製作技術に支えられ、数キロも飛ぶ飛行機も登場します。飛行中何度も着水しかけるシーンに観客はどきどきしますが、そんなとき、タイミングよく風が吹いて、再び飛行機の高度が上がると、観客から拍手が起こります。

　プロダクト・ライフサイクルの延命策とは、企業のプロダクト・マーケティング担当者が人工的に「風」を起こし、製品の売上を高め、再び利益を確保するためのしかけをすることです。

　製品がどのようなライフサイクルのプロセスを経て衰退していくのかを予測することは、非常に難しい問題です。多くの製品は、成熟期を迎えた場合、次のような製品ライフサイクルの延命策を実施しています。既存製品活性化戦略の要です。

（2）使用量、使用頻度のアップ

　製品ライフサイクルを長期化するための第一の方法は、使用量・使用頻度のアップです。今まで、1回に10グラムしか使用されなかったものを20グラムに増やしたり、1日に1回しか使われていなかった製品の使用回数を2回にできれば、製品の売上は再び上昇します。

　「朝シャン」という言葉が流行したことがありますが、これは「朝、出かける前にシャンプーをしよう！」という意味で、生活習慣の喚起の意味を込めて、企業がキャッチフレーズ化したものです。従来、シャンプーは夜風呂に入るときに行うだけでしたが、朝、出勤や出社の前にシャンプーをすることを推奨し、成熟期製品の代表例であるシャンプーやリンスの売上増加を図るというキャンペーンでした。

　最近では、飲料メーカーが、缶コーヒーの朝用・夜用を分けて販売したり、化粧品メーカーが乳液の朝用・夜用を分けて販売していますが、基本的な発想は、「朝シャン」のキャンペーンと同様です。

　かつて、味の素は主力製品「味の素」の容器の穴を大きくすることで売上を伸ばしました。最近では、缶ビール業界が、プルトップのサイズを広げることにより、売上を伸ばしました。

（3）新用途の開発

　「1粒で2度おいしい」は、グリコの代表的製品であるアーモンドグリコのキャッチフレーズです。プロダクト・マーケティングでも同じことがいえます。一度開発した製品について、当初は想定していなかった別用途を開発し、もう一度売上を伸ばせる場合があります。

　たとえば、ナイロン素材は、パラシュート用から衣料用へと用途を変更しました。

　カルピスは、子供向けにカレーを作る際、カルピスを調味料として用いると味がマイルドになるという情報を提供しています。本来、カルピ

スは飲み物として開発されたものですが、これを調味料に使うと、カレーの辛さを抑制し、子供でもカレーを楽しめるようになるという新用途を提案することで、売上の増加を狙っています。

(4) 製品の改良（モデル・チェンジ）

　シャンプーなどのパッケージ・デザインの改良、コーヒー飲料の中味の改良などのモデル・チェンジも延命策のひとつです。

　1993年にヤマハは、アップライトピアノやグランドピアノに電子ピアノの音源を組み合わせたサイレントピアノを発売しました。サイレントピアノは、ピアノの打弦を物理的に止めて発音させず、代わりに鍵盤の動きを演奏情報としてセンサーで読み取り、電子的な音源部から発音する仕組みを採用しています。通常のピアノとして演奏することも、夜間などに大きな音を出さずに練習することも可能となり、成熟期を迎えていたピアノは、消音機能を持つことで蘇りました。

(5) 新市場の開拓

　製品そのものにはほとんど手を加えることなく、別な市場に売り込むことで、プロダクト・ライフサイクルの延命化を図ることもできます。

　ホンダは、二輪車（オートバイ）で日本国内で大成功を収めた後、アメリカ進出を果たしました。海外市場は典型的な新市場の事例です。

　紙オムツは、ベビー市場とともに高齢者（介護）のシルバー市場を開拓しました。任天堂を代表するゲーム機であるニンテンドーDSは当初子供向けに発売しヒットを果たしますが、現在では標的顧客を広げ、大人向けのソフトを多数発売しています。標的顧客の対象年齢を広げることも新市場開拓の方向性のひとつです。

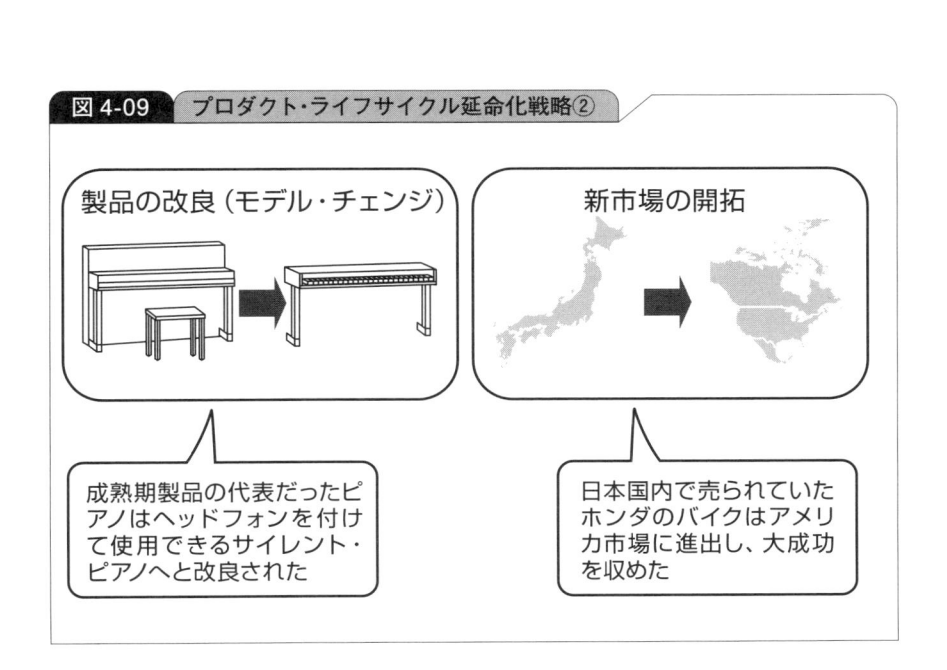

図 4-08　プロダクト・ライフサイクル延命化戦略①

使用量・使用頻度のアップ

- 味の素は容器の穴を大きくし、消費量を増やした
- 「朝シャン」ブームを作ることで、シャンプーの使用頻度を上げた

新用途の開発

- パラシュートの素材として発明されたナイロンは、パンティストッキングとして転用された

図 4-09　プロダクト・ライフサイクル延命化戦略②

製品の改良（モデル・チェンジ）

- 成熟期製品の代表だったピアノはヘッドフォンを付けて使用できるサイレント・ピアノへと改良された

新市場の開拓

- 日本国内で売られていたホンダのバイクはアメリカ市場に進出し、大成功を収めた

PART 4　既存製品活性化戦略

section 6　既存製品活性化戦略

拡張型プロダクト・ポートフォリオ・マネジメント

　プロダクト・ポートフォリオ・マネジメント（PPM）とは、自社の製品・事業を市場成長率と相対的市場占有率の2つの評価尺度で分類する分析手法です。製品ライフサイクル理論に基づき、企業全体としてバランスのとれた収益の獲得と成長の実現を狙う戦略策定手法として定評があります。自社の経営資源配分の手段で、多角化が進展したアメリカで複数の事業の合理的な管理手法として誕生しました。

　これを開発したのは、ボストンコンサルティング・グループ（Boston Consulting Group；BCG）です。

(1) BCGのPPMの基本構造

　BCGの開発した古典的なPPM理論では、各製品・事業は、①市場成長率と②相対的市場占有率の高低によって分類された、4つのセルに位置づけられます。

　PPM戦略の方向づけは、PPMモデルを用いて、企業全体のキャッシュフローのバランスをとりながら、収益力と成長性を高める検討を行うことです。金のなる木で生み出した余剰資金を、魅力の高い問題児や花形製品に集中投入しつつ、魅力のない負け犬から撤退するという集中と選択が戦略ポイントとなります。

(2) PPMにおける代替指標の活用

　古典的PPMの2軸は、指標（パラメータ）として使いにくいという欠点があります。特に、横軸である製品別・事業別の相対的市場占有率

図4-10　BCGのPPM

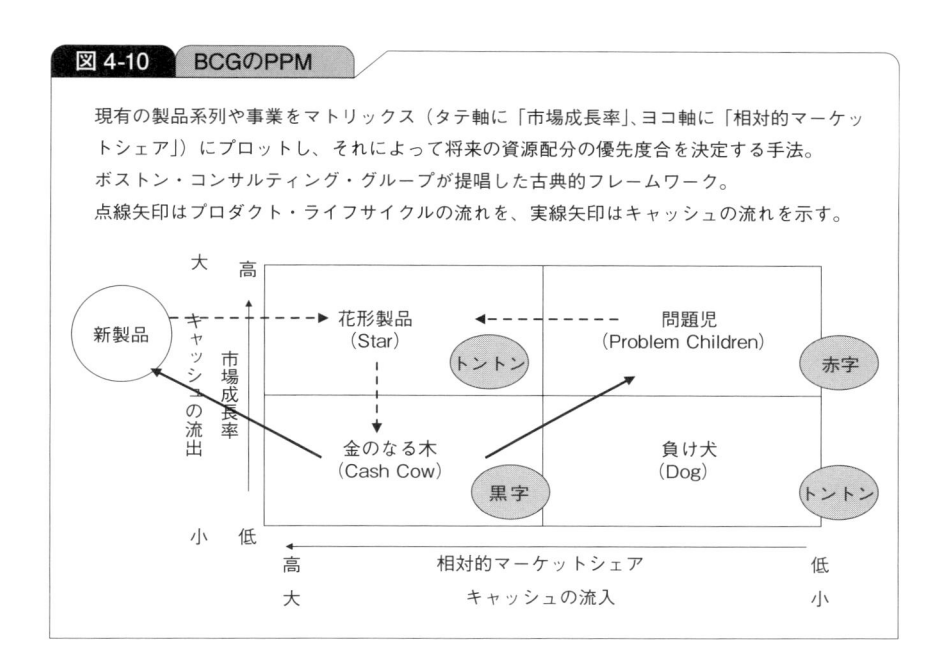

現有の製品系列や事業をマトリックス（タテ軸に「市場成長率」、ヨコ軸に「相対的マーケットシェア」）にプロットし、それによって将来の資源配分の優先度合を決定する手法。
ボストン・コンサルティング・グループが提唱した古典的フレームワーク。
点線矢印はプロダクト・ライフサイクルの流れを、実線矢印はキャッシュの流れを示す。

```
                    高
                     │
    キ          ──→ 花形製品  ←── 問題児
    ャ 市            (Star)        (Problem Children)
新製品 ッ 場           トントン                           赤字
    シ 成
    ュ 長
    の 率            金のなる木                負け犬
    流                (Cash Cow)              (Dog)
    出                        黒字                    トントン
                     │
                    低
         高     相対的マーケットシェア     低
         大       キャッシュの流入         小
```

は数値がつかみにくい場合が多く、理論としては知られていても使うことができない業種・業界では、机上の空論と評されてきました。

この場合、「市場成長率×相対的市場占有率」という2つの指標にしばられることはありません。指標は企業の把握できる数値に置き換えて、分析をすればよいのです。このような分析を拡張型PPM分析といいます。

代替指標として「自社製品別（事業別）利益率×自社製品別（事業別）売上高伸び率」を用いると、当該企業のキャッシュの流れ、今後の戦略の方向性が浮き彫りになる場合があります。

化粧品を扱う中小小売業A社の製品別の売上・利益の実績が図4-12のようになっている場合、これをもとに、A社の今後の製品戦略はどう予想できるでしょうか。

図 4-11　現実的なPPM

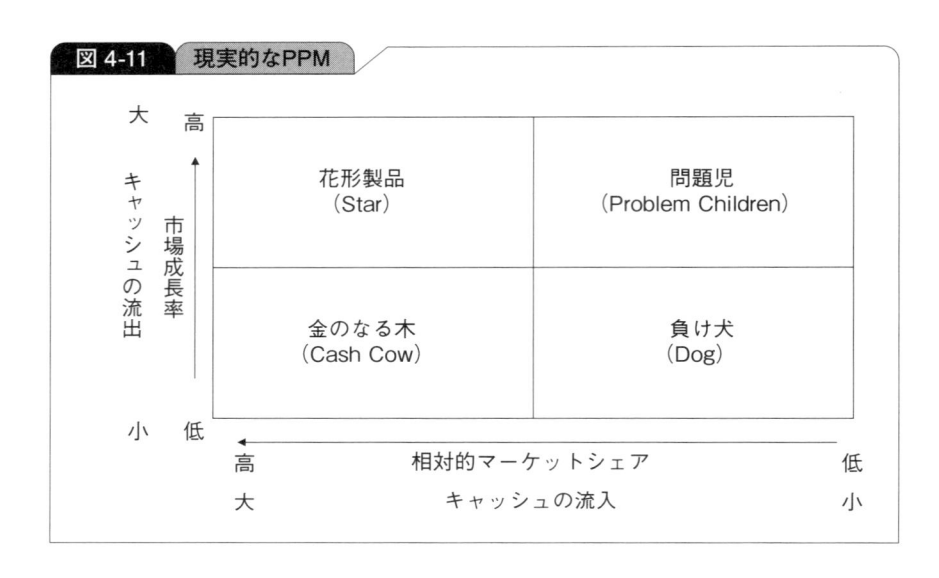

	相対的マーケットシェア 高（大）	相対的マーケットシェア 低（小）
市場成長率 高（キャッシュの流出 大）	花形製品（Star）	問題児（Problem Children）
市場成長率 低（キャッシュの流出 小）	金のなる木（Cash Cow）	負け犬（Dog）

　粗利益率で考えると、スキンケアと医薬品が魅力的です。しかし、医薬品は成長率が高く将来性はあるものの、現在の売上高占有比は小さく、スキンケア品は成長率が低く将来性は望めませんが、現在の売上高占有比は大きくなっています。粗利益額でみれば、メーク品も無視できない存在です。

図 4-12　A社の製品別実績一覧

	年間売上高 金額（千円）	年間売上高 成長率（%）	売上高占有比（%）	粗利益率（%）	粗利益額（千円）
スキンケア品	5,000	90%	50%	60%	3,000
メーク品	2,500	90%	25%	50%	1,250
フレグランス	1,000	80%	10%	30%	300
健康食品	1,000	110%	10%	40%	400
医薬品	300	120%	3%	60%	180
トイレタリー雑貨	200	90%	2%	20%	40

PPM理論を応用し、A社の「製品別の売上高成長率」と「製品別の粗利益率」をもとに今後の製品戦略を考えてみます。主力製品であるスキンケア品・メーク品を軸に資金を稼ぎ、それを健康食品の開発に充当し、医薬品に次ぐ花形製品に育て上げます。フレグランスとトイレタリー雑貨については収穫戦略に専念し、時期が来たら撤退します。

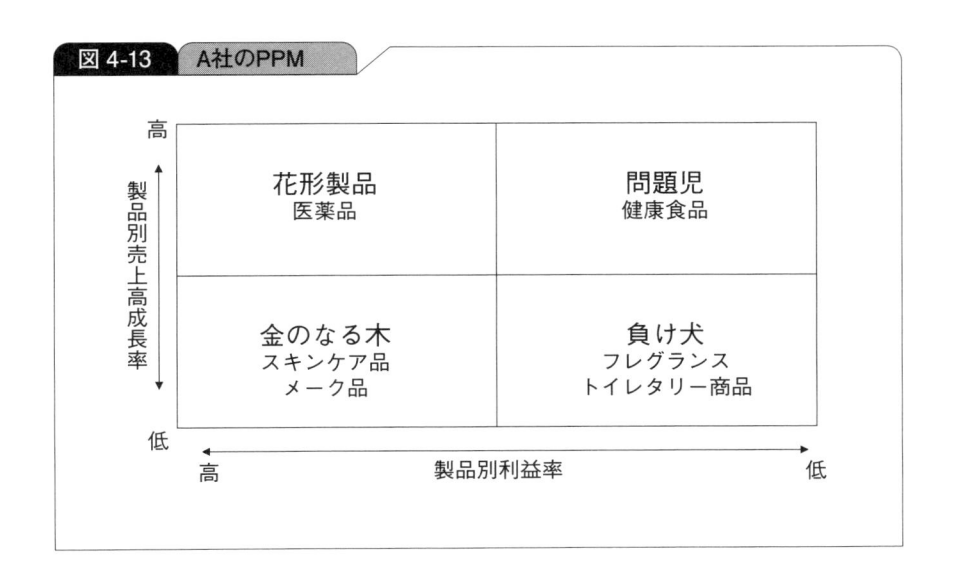

図4-13　A社のPPM

	製品別利益率 高	製品別利益率 低
製品別売上高成長率 高	花形製品 医薬品	問題児 健康食品
製品別売上高成長率 低	金のなる木 スキンケア品 メーク品	負け犬 フレグランス トイレタリー商品

section 1　知的財産法①　特許法と実用新案法
section 2　知的財産法②　意匠権と商標法
section 3　不正競争防止法
section 4　製造物責任法

PART 5

プロダクト・マーケティング関連法規

ものづくりにおいて
遵守すべき法律の
基礎知識を学ぶ

section 1　プロダクト・マーケティング関連法規

知的財産法①
特許法と実用新案法

　プロダクト・マーケティングを展開する際には、法律についての知識も必要になります。特に、新製品を開発する際には、知的財産権についての法律には留意する必要があります。

　知的財産権とは、特許権、実用新案権、育成者権、意匠権、著作権、商標権その他の知的財産に関して、法令により定められた権利または法律上保護される利益にかかる権利です（知的財産基本法2条2項）。はじめに、特許権と実用新案権の概要を見てみましょう。両者は、発明や考案についての保護法という点で共通しています。

(1) 特許法
①特許法

　特許法は、昭和34年に制定された産業財産権法のひとつであり、発明者に一定期間の特許権を付与して発明の保護及び利用を図ることにより,産業の発展を目的とする法律です（特許法1条）。

　産業財産権4法（特許法・実用新案法・意匠法・商標法）を比較対照するとわかりますが、特許法以外の3法は、特許法の準用規定が非常に多くなっています。

②特許法の目的

　特許法は、発明の保護および利用を図ることにより、発明を奨励し、これにより産業の発達に寄与することを目的としています(特許法1条)。

③特許制度の意義

　特許制度の意義は、以下のa、bの調整と両立であり、発明者と社会

の権利の調整と両立を図ることにあります。
a 発明者に一定期間、一定の条件のもとに特許権という独占的な権利を与えて発明の保護を図ること
b 発明を公開して利用を図ることにより、新しい技術を人類共通の財産としていくことを定めて、これにより技術の進歩を促進し、産業の発達に寄与すること

④特許権の定義

　特許権とは、産業財産権のひとつで、特許登録を受けた発明（特許発明）に係る物や方法の生産・使用・譲渡等を排他的・独占的になしうる権利です（特許法68条）。特許権は、特許法によって保護されます。

⑤特許権の存続期間

　特許権の存続期間は、原則として、特許出願の日から20年で終了します（67条1項）。特許法は、発明を社会に公開する代償として、出願日から20年間に限り独占排他的権利を付与し、20年経過後は、公衆に広く利用することを認めています。ただし、特許権の存続期間は、安全確保のための審査等が必要な場合に、特許権が成立しても安全審査が終了しないかぎり特許発明の実施をすることができないことがあります（【例】医薬品の場合）。このような場合、例外として、5年を限度として、延長登録の出願により延長することが認められています（特許法67条2項）。

⑥特許登録を受けるための要件

　すべてのアイディアが、自動的に特許として登録されるわけではありません。特許にはいくつかの登録要件があります。まず、そのアイディアが特許法上の「発明」であることが要求されます。その上で、特許法29条に規定される特許の要件を満たしていなければなりません。一方、不登録事由に該当しないこと、先願であることも求められます。これらをすべて満たしているアイディアは、特許登録を受けることができます。

図 5-01　特許登録を受けるための要件

- 特許の登録要件
  - 特許法上の「発明」であること
    - 自然法則の利用
    - 技術的思想
    - 創作性
    - 高度性
  - 29条の要件（特許の要件）を満たすこと
    - 産業上の利用可能性
    - 新規性
    - 進歩性
  - 不登録事由に該当しないこと
  - 先願であること

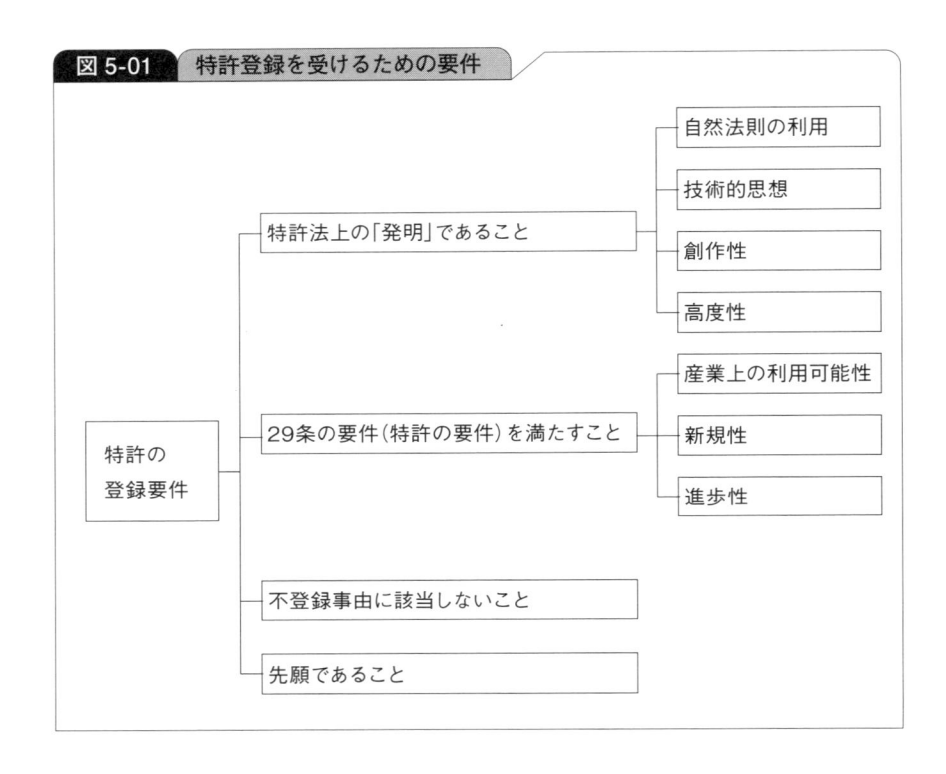

(2) 実用新案法

①実用新案法の目的

　実用新案法は、昭和34年に制定された産業財産法のひとつで、物品の形状、構造または組合せに係る考案の保護および利用を図ることにより、その考案を奨励し、これにより産業の発達に寄与することを目的としています（実用新案法1条）。

②実用新案制度の意義

　特許制度とは別に、実用新案制度が必要な理由は以下のとおりです。
a 考案の保護を特許制度に包含すれば、特許制度の保護水準が低下し、これにより、わが国の創作活動全体が減退することになりかねない。
b 実用新案制度はわが国産業界、特に、多額の研究開発費を投資できず

小発明が多くなされている中小企業において定着している。

③実用新案権の定義

実用新案権は、産業財産権のひとつで、実用新案登録を受けた考案（登録実用新案）に係る物品の製造・使用・譲渡等を排他的・独占的になしうる権利です（実用新案法16条）。実用新案法によって保護されます。

④実用新案権の存続期間

実用新案権の存続期間は、実用新案登録出願の日から10年をもって終了します（実用新案法15条）。

図 5-02　特許権と実用新案権の比較

	特許権	実用新案権
対象	新規の発明	考案（小発明）
保護期間	出願から20年	出願から10年
審査方法	実体審査がある	実体審査がない（無審査主義を採用）
登録までの時間	時間を要する	短時間で登録できる

section 2　プロダクト・マーケティング関連法規

知的財産法②
意匠法と商標法

　新製品を開発する際、デザインとネーミング・ブランドは重要な意思決定項目です。デザインは意匠と呼ばれ、意匠法という知的財産法による保護を受けることができます。ブランドは商標と呼ばれ、商標法という知的財産法による保護を受けることができます。ここでは、意匠法と商標法の概要について見てみましょう。

(1) 意匠法
①意匠法の目的
　意匠法は、昭和34年に制定された工業所有権法のひとつであり、意匠の保護および利用を図ることにより、意匠の創作を奨励し、これにより産業の発達に寄与することを目的としています(意匠法1条)。意匠は、物品のより美しい外観、より使い心地のよい外観を追求するものです。外観は、一見して誰にでも識別することができるため、容易に真似することができ、不当な競争を招き健全な産業の発展に支障を来すこととなります。

②意匠制度の意義
　意匠制度の意義は、以下の❶❷の調整と両立にあります。特許法と同様の意義です。

a 創作者の保護…新しく創作した意匠を創作者の財産として保護します。

b 産業の発達…意匠の創作を奨励し、産業の発達に寄与します。

③意匠法と特許法・実用新案法の類似点・相違点

意匠法の保護対象である意匠は、特許法における発明や実用新案法における考案と同じく抽象的な創作であり、3法は創作保護法である点で類似しています。しかし、発明・考案が自然法則を利用した技術的思想の創作であり、特許法・実用新案法はその側面から保護しているのに対し、意匠法は、美観の面から創作を把握し、保護している点で異なります。

④意匠権の定義

　意匠権とは、産業財産権のひとつで、意匠登録を受けた意匠（登録意匠）およびこれに類似する意匠を業として独占的に実施しうる排他的な権利です（意匠法23条）。意匠権は、意匠法によって保護されます。

⑤意匠法の存続期間

　意匠権の存続期間は、以下の通りです。

a 原則……意匠権（関連意匠の意匠権を除く）の存続期間は、設定登録の日から20年をもって終了します（意匠法21条1項）。

b 例外……関連意匠の意匠権の存続期間は、その本意匠の意匠権の設定登録の日から20年をもって終了します（意匠法21条2項）。関連意匠とは、自己の意匠登録出願に関する意匠のうちから選択した本意匠に類似する意匠、すなわち、本意匠に類似するバリエーションの意匠のことです（意匠法10条）。

図5-03　意匠の登録例

(2) 商標法の目的
①商標法の目的
　商標法は、昭和34年に制定された産業財産権法のひとつで、商標を保護することにより、商標の使用をする者の業務上の信用の維持を図り、これにより産業の発達に寄与し、あわせて需要者の利益を保護することを目的としています（商標法1条）。
②商標制度の意義
　商標制度により、信用と化体した商標を保護し、商標を使用する者の業務上の信用維持が可能になると同時に、商標に付された製品は一定の品質であるという需要者の利益の保護が可能になります。化体とは、形を変えて他のものになることです。
③特許法や意匠法の目的との比較
　商標法とそれ以外の産業財産権3法（特許法・実用新案法・意匠法）を比較すると、産業の発達に寄与することを目的としている点は共通していますが、使用者の業務上の信用の維持、消費者等の需要者の利益保護を目的として掲げている点は異なっています。創作を保護する特許権・実用新案権・意匠権等とは、この点で大きく異なります。
④商標権の定義
　商標権は、産業財産権のひとつで、商標登録を受けた商標（登録商標）の使用を排他的・独占的になしうる権利です（商標法25条）。商標権は、商標法によって保護されます。
　特定の商標を特定の製品等に独占的に使用することを商標権者に認めることは、一定の商標を使用した製品等は一定の出所から流出したことを確定することになります。製品等における一定の品質の確保は、需要者の利益の保護と競業秩序の維持につながるため、間接的には、産業の発達にも貢献しています。
⑤商標権の存続期間

商標権の存続期間は、設定の登録の日から10年をもって終了します(19条)。しかし、商標は、事業者の営業活動によって蓄積された信用を保護することが目的であることから、その商標の使用が続く限り、商標権を存続させる必要があります。このため商標の場合は、10年の存続期間を何回でも更新することができるとされています。

図 5-04　知的財産法の比較

権利	対象	保護期間	主な要件	根拠法
特許権	新規の発明	出願から20年間	・産業上利用可能性 ・新規性 ・進歩性	特許法
実用新案権	考案・小発明	出願から10年間	・産業上利用可能性 ・新規性 ・進歩性	実用新案法
意匠権	デザイン	登録から20年間	・工業上利用可能性 ・新規性 ・進歩性	意匠法
商標権	商標	登録から10年間（更新可能）	自己の商品または役務を他人のものから識別させうること	商標法

section 3　プロダクト・マーケティング関連法規
不正競争防止法

(1) 不正競争防止法の目的

不正競争防止法は、不正競争の防止および不正競争に係る損害賠償に関する措置等を定めた法律です。

不正競争防止法は、事業者間の公正な競争およびこれに関する国際約束の的確な実施を確保するため、不正競争の防止および不正競争に係る損害賠償に関する措置等を講じ、もって国民経済の健全な発展に寄与することを目的としています（不正競争防止法1条）。

(2) 不正競争行為

特許法などの産業財産権法は、特定の客体（【例】発明）に権利を付与し、保護することで、産業の発達を図っています。これに対し、不正競争防止法は、一定の行為を不正競争として規制を行う行為規制法です。

不正競争防止法では、2条1項各号で、公益を害する一定の行為（不正競争行為）を限定列挙することにより、これらを禁止しています。

ここでは、不正競争行為のうち、プロダクト・マーケティングを展開する上で特に重要な行為をピックアップし、解説します。

(3) 混同惹起行為（周知表示混同惹起行為）

混同惹起行為（周知表示混同惹起行為）とは、他人の商品・営業の表示（商品等表示）として需要者の間に広く認識されているもの（周知）と同一・類似の商品等表示を使用し、または使用した商品を譲渡等し、その他人の商品・営業と混同を生じさせる行為です（不正競争防止

図 5-05　不正競争防止法で定める不正競争行為

不正競争行為の名称	不正競争行為の定義	根拠条文
① 混同惹起行為（周知表示混同惹起行為）	他人の商品・営業の表示（商品等表示）として需要者の間に広く認識されているもの（周知）と同一・類似の商品等表示を使用し、または使用した商品を譲渡等し、その他人の商品・営業と混同を生じさせる行為	2条1項1号
② 著名表示冒用行為	他人の商品・営業の表示として著名なものを、自己の商品・営業の表示として使用する行為	2条1項2号
③ 形態模倣行為（商品形態模倣行為）	他人の商品の形態を模倣した商品を譲渡・貸し渡し・展示・輸出・輸入する行為	2条1項3号
④ 営業秘密に係る不正競争行為	不正競争防止法で規制する6つの営業秘密にかかる不正競争行為	2条1項4号〜9号
⑤ 技術的制限手段無効化装置等を譲渡等する行為	映像・音の視聴やプログラムの実行または映像・音・プログラムの記録が営業上の技術手段で制限されているときに、その技術手段を無効にして視聴・実行・記録を可能とするような装置やプログラムを提供等する行為	2条1項10号・11号
⑥ ドメイン名不正登録等行為	不正の利益を得る目的で、または他人に損害を与える目的（図利加害目的）で、他人の商品・役務の表示と同一・類似のドメイン名を使用する権利を取得・保有またはそのドメイン名を使用する行為	2条1項12号
⑦ 誤認惹起行為（原産地等誤認惹起行為）	商品、役務やその広告等に、その原産地、内容等について誤認させるような表示をする行為	2条1項13号
⑧ 信用毀損行為（営業誹謗行為）	競争関係にある他人の信用を害する虚偽の事実を告知し、または流布する行為	2条1項14号
⑨ 代理人等の商標冒用行為	パリ条約の同盟国等において商標権を有する者の代理人が、正当な理由なく、その商標を使用等する行為	2条1項15号

法2条1項1号）。これは不正競争防止法で禁止されています。パソコンのiMacとよく似たデザインのパソコンが他のメーカーから発売された「iMac事件」などが有名です。

(4) 著名表示冒用行為

著名表示冒用行為とは、自己の商品等表示として他人の著名な商品等表示と同一・類似のものを使用し、またはその商品等表示を使用した商品を譲渡し、引き渡し、譲渡・引渡しのために展示し、輸出し、輸入し、電気通信回線を通じて提供する行為です（不正競争防止法2条1項2号）。「アリナビッグ事件」が有名です。

(5) 形態模倣行為（商品形態模倣行為）

形態模倣行為（商品形態模倣行為）とは、他人の商品の形態を模倣した商品を譲渡・貸し渡し・展示・輸出・輸入する行為です（不正競争防止法2条1項3号）。ヒット商品となっていたキーホルダー型液晶ゲーム機のデザインを模倣した商品を輸入・販売した業者に対し、商品の輸入・販売の差止め、商品の廃棄及び損害賠償が認められた事件（「たまごっち事件」）が有名です。意匠法による保護と異なり、登録が不要ですが、禁止期間は発売後3年間に限定されます。

PART 5　プロダクト・マーケティング関連法規

section 4 プロダクト・マーケティング関連法規

製造物責任法

　平成7年7月に、わが国でも製造物責任法（欠陥製品による被害から消費者を救済するための製造物責任法;PL法）が施行されました。
　製造物責任法とは、製品の欠陥によって生命、身体または財産に損害を被ったことを証明した場合に、被害者は製造会社等に対して損害賠償を求めることができるとする法律です。
　製造業者、消費者が相互の自己責任を踏まえながら、製品の安全確保に向けていっそうの努力を払い、安全で安心できる消費生活の実現が同法の目的です。

(1) 製造物責任法の対象物
　製造物責任法では、製造物を「製造又は加工された動産」と定義しています。一般的には大量生産・大量消費される工業製品を中心とした、人為的な操作や処理がなされ引き渡された動産を対象としています。不動産、未加工農林畜水産物、電気、サービスは、製造物責任法の対象となりません。

(2) 製造物責任法における「欠陥」
　製造物責任法でいう「欠陥」とは、当該製造物に関するいろいろな事情（判断要素）を総合的に考慮して、「製造物が通常有すべき安全性を欠いていること」です。安全性に関わらない単なる品質上の不具合は製造物責任法の賠償責任の根拠とされる欠陥には当たりません。
　製造物責任法でいう「欠陥」に当たらないために損害賠償責任の対象

にならない場合であっても、現行の民法に基づく瑕疵担保責任、債務不履行責任、不法行為責任等の要件を満たせば、被害者はそれぞれの責任に基づく損害賠償を請求することができます。

　欠陥の有無の判断は、個々の製品や事案によって異なるため、それぞれのケースに応じて考慮される事情やその程度も異なります。製品によっては、表示や取扱説明書中に、設計や製造によって完全に取り除けないような危険について、それによる事故を回避するための指示や警告が適切に示されているかどうかも考慮されます。

　常識では考えられないような誤使用（異常な使用）によって事故が生じた場合には、製品に欠陥はなかったと判断されることもあります。製造物責任法では、このような考慮事情として、共通性、重要性、両当事者に中立的な表現ということを念頭に、「製造物の特性」「通常予見される使用形態」「製造業者等が当該製造物を引き渡した時期」の3つを例示しています。

(3) 損害賠償の請求権

　欠陥による被害が、その製造物自体の損害にとどまった場合であれば、製造物責任法の対象にはなりません。このような損害については、従来どおり、現行の民法に基づく瑕疵担保責任や債務不履行責任等による救済が受けられます。製造物責任法による損害賠償の請求権が認められるのは、製造物の欠陥によって、人の生命、身体に被害をもたらした場合や、欠陥のある製造物以外の財産に損害が発生した場合（つまり「拡大損害」が生じたとき）に限定されます。

図 5-09　拡大損害

自動車の構造に欠陥があり…　事故に遭遇し…

拡大損害
- 生命に被害をもたらした場合
- 身体に被害をもたらした場合
- 財産に被害をもたらした場合

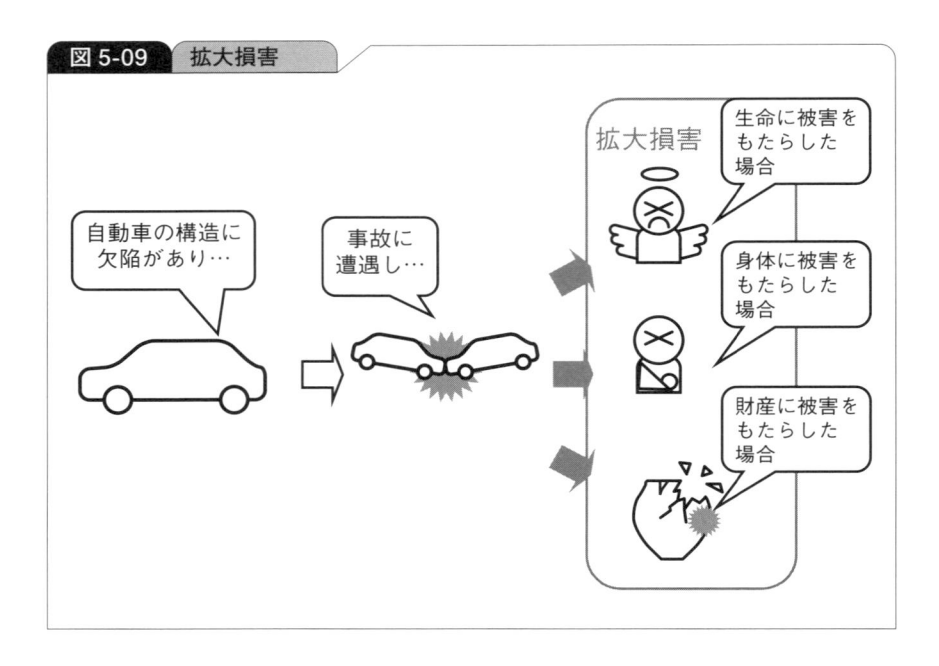

（4）製品関連事故による被害の損害賠償

製造物責任法に基づいて損害賠償を受けるためには、被害者が、
① 製造物に欠陥が存在していたこと
② 損害が発生したこと
③ 損害が製造物の欠陥により生じたこと
の3つの事実を明らかにすることが原則となります。

（5）損害賠償の請求先

損害賠償を求める場合の請求先としては、その製品の製造業者、輸入業者、製造物に氏名等を表示した事業者が該当します。単なる販売業者は原則として対象にはなりません。

(6) 免責事由

製造業者等は、以下の事項を証明したときは、賠償責任を免じられています。

① 製造物をその製造業者等が引き渡した時期における科学・技術のレベルでは、欠陥があることを認識することができなかったこと（開発危険の抗弁）
② 製造物が他の製造物の部品や原材料として使用された場合に、その欠陥が他の製造物（つまり完成品）の製造業者が行った設計に関する指示に従ったために生じ、かつ、その欠陥が生じたことにつき過失がないこと（部品・原材料製造業者に対する免責）

「開発危険の抗弁」を認めている理由は、このような開発危険についてまで製造業者が責任を負うことになると、研究・開発が阻害され、ひいては消費者の実質的な利益を損なうことになりかねないという理由によるものです。

(7) 期間の制限（時効）

製造物責任法に関する損害賠償の請求権は、以下の場合に時効によって消滅します。

① 被害者またはその法定代理人が損害及び賠償義務者を知った時から3年間行使しないとき
② その製造業者等が当該製造物を引き渡した時から10年を経過したとき

ただし、「身体に蓄積した場合に人の健康を害することとなる物質による損害」または「一定の潜伏期間が経過した後に症状が現れる損害」については、その損害が生じた時点から起算されます。医薬品等の場合、これが適用されます。

section 1　日用品メーカーの製品開発事例
section 2　家電メーカーの製品開発事例
section 3　旅行会社の製品開発事例
section 4　衣料品メーカーの製品開発事例
section 5　中小企業の新製品開発事例

PART 6

プロダクト・マーケティングの事例紹介

さまざまな業界の
ものづくりの成功事例に
学ぶ

section 1　プロダクト・マーケティングの事例紹介

日用品メーカーの製品開発事例

　メーカーにとって、新製品は事業を拡大していく上で、重要なドライバーです。また継続的なヒット製品の創出により、従業員のモラールも高まります。本章では、ホームセンターやドラッグストアを中心に販売されている日用品の分野において、対照的な新製品開発戦略を行っている、「花王株式会社」と「小林製薬株式会社」の事例を紹介します。

(1) 花王株式会社の新製品開発戦略
①シーズ（seeds）志向の新製品開発戦略
　同社は、「アジエンス」「ビオレ」「アタック」「バブ」など、日用品分野において多くの製品カテゴリー・製品ラインを展開しています。競合環境が厳しい中で、多額の広告宣伝費（2008年度は903億円）を投下するなど、製品の認知・育成にも注力していますが、プロダクト・マーケティングにおける同社の最大の強みは、企業理念に基づく研究開発活動にあります。
②「花王ウェイ」に基づく研究開発活動
　企業理念を同社では「花王ウェイ」と呼んでいます。社の使命を「消費者・顧客の立場にたって、心をこめた"よきモノづくり"を行ない、世界の人々の喜びと満足のある、豊かな生活文化の実現に貢献すること」と定めています。同社の研究開発費は2008年度で461億円・対売上高比率で3.6％です。企業の持続的な成長のための投資と位置づけ、今後も同水準の費用投下を行っていきます。
③新製品開発の推進体制

図 6-01　「花王ウェイ」に基づく新製品開発の推進体制

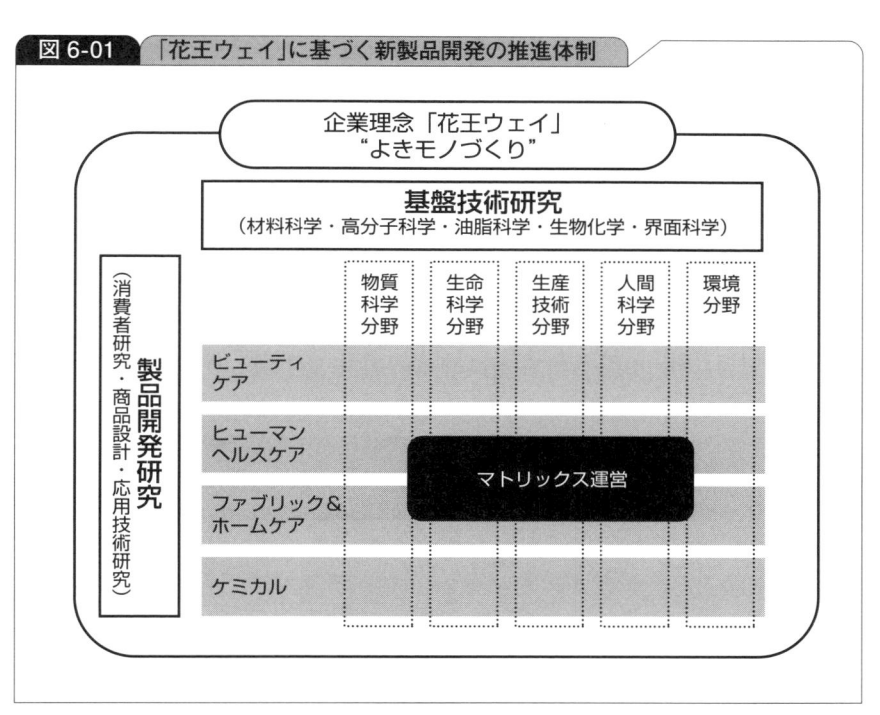

企業理念「花王ウェイ」
"よきモノづくり"

基盤技術研究
（材料科学・高分子科学・油脂科学・生物化学・界面科学）

製品開発研究
（消費者研究・商品設計・応用技術研究）

	物質科学分野	生命科学分野	生産技術分野	人間科学分野	環境分野
ビューティケア					
ヒューマンヘルスケア					
ファブリック＆ホームケア					
ケミカル					

マトリックス運営

　同社は"よきモノづくり"を、「消費者・顧客の求めるニーズ・価値を深く理解し、このニーズ・価値の実現により、世界の消費者の方々に心からご満足いただける製品・ブランドを開発すること」としています。この考え方に基づき、真に価値ある製品を生み出すための基礎となる「基盤開発研究」、深い消費者研究に基づく「製品開発研究」を、大部屋制による「マトリックス運営」で推進しています。

(2) 小林製薬株式会社の新製品開発戦略
①ニーズ（needs）志向の新製品開発戦略

　「ナイシトール」「熱さまシート」「ケシミンクリーム」「しみとりーな」といった、製品のネーミングで使用用途がある程度わかるのが、同社の製品の特徴です。プロダクト・マーケティングにおける同社の最大の強

みは、コーポレートブランド憲章・ブランドスローガンに基づく製品開発活動にあります。

②同社のブランドスローガン「あったらいいな」

　コーポレートブランド経営を推進する同社のコーポレートブランド憲章に込めた思いを、ひと言で表現したものが「あったらいいな」というブランドスローガンです。消費者のニーズを徹底的に追及し、ユニークで独創的な製品を開発・提供することを消費者に約束しています。

③「あったらいいな」をカタチにする製品開発体制

　同社では、研究・技術開発・マーケティングなどのスタッフで構成され、アイデアを持ち寄り将来の新製品のネタづくりを行なう「アイデア会議」、新製品開発において毎年数千件もの提案がある「社内提案制度」などをもとに、消費者の「快い」を徹底的に追求する「ドロドロ開発」、開発期間の短縮を目的としてブランドマネージャー・開発担当・研究開発担当・技術開発担当が同時並行的に製品開発活動を行う「コンカレント・エンジニアリング」を通じて、継続的な新製品の開発・市場投入を実現しています。

(3) シーズ (seeds) 志向とニーズ (needs) 志向について

　シーズ（seeds）志向の新製品開発戦略は、特に技術面において競合他社との製品優位性の確保、また参入障壁の構築が可能であり、よって製品ライフサイクルは比較的長くなりますが、継続的かつ多額の研究開発費の投下が必要になります。ニーズ（needs）志向の新製品開発戦略は、新製品の速やかな市場浸透が可能ですが、参入障壁が低いことからたちまち競争が激化し、製品ライフサイクルは比較的短くなります。

　双方メリット・デメリットがあり、どちらの戦略がベターであるとは一概に言い切れません。メーカーの新製品開発戦略は、企業理念やブランドスローガン等、その会社の「生き方」や「消費者へのプロミス」な

どに基づき決定されます。コア・コンピタンスを構築するために必要な経営資源が各セクションに配分され、各社は持続的成長を実現するための新製品開発戦略を実践します。

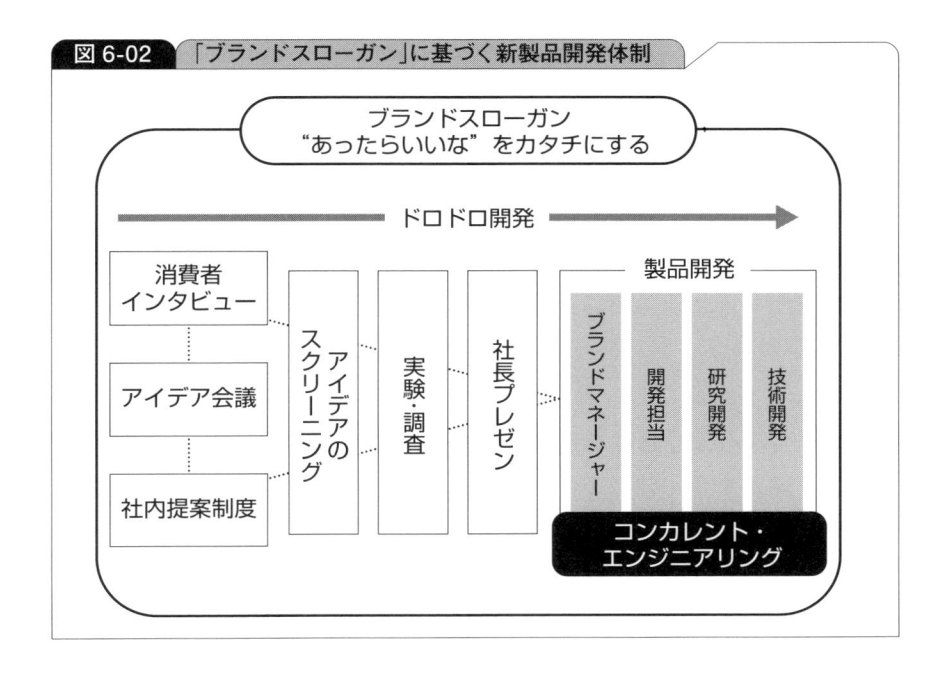

図 6-02　「ブランドスローガン」に基づく新製品開発体制

ブランドスローガン
"あったらいいな"をカタチにする

ドロドロ開発 →

消費者インタビュー
アイデア会議
社内提案制度

アイデアのスクリーニング
実験・調査
社長プレゼン

製品開発
ブランドマネージャー
開発担当
研究開発
技術開発

コンカレント・エンジニアリング

section 2　プロダクト・マーケティングの事例紹介
家電メーカーの製品開発事例

　炊飯器は、プロダクト・ライフサイクルに当てはめると、成熟期に位置する製品カテゴリーです。メーカーも消費者も、それほど大きな技術革新があるとは考えていませんでした。1972年にジャー炊飯器が登場し、1988年にIH式炊飯器（電磁誘導加熱式炊飯器）が誕生した後、炊飯器の技術革新は停滞していました。メーカーの関心は「いかに安く作るか」という価格競争に向かいました。平均購買単価は2万円を割り込み、ビジネスのうまみは失われていました。
　しかし、2006年3月、三菱電機の炊飯器が、業界の流れを変えました。

(1) 三菱電機の本炭釜の発売

　2006年3月に、三菱電機は新型炊飯器「本炭釜」を発表しました。10万円を超える超高価格帯の製品です。発表後、競合する他社メーカーも家電量販店も「高すぎる」と相手にしませんでした。
　本炭釜の特徴は、内釜に従来からの金属ではなく、炭素（カーボン）素材を使用していることにあります。炭素素材を使用することにより、IH炊飯器の特性である熱効率がよくなります。ただし、炭素は加工が難しい素材であるため、炭素を90日掛けて焼成した後で、手作業で削り出す作業をしなければならなりません。このため、内釜は1日に50個程度しか作れません。当然のことながらコストもかかり、家庭用炊飯器としては、考えられないほどの高価格で発売されました。しかし、超高価格であるにもかかわらず、発売後6ヶ月で生産累計台数が1万台にもなるほどのヒット商品となりました。

本炭釜の発売は、他の電機メーカーにおいても炊飯器の高級化を促進しました。東芝の真空ポンプ、タイガー魔法瓶の土鍋など、高価格帯の炊飯器が珍しくなくなりました。

(2) 開発の契機

　商品開発に当たっては、ある焼肉店に入った開発担当者が、ご飯が千円で販売されているのを不思議がり、実際に注文したところ美味であったというのがきっかけです。

　その店では、炭素素材でできた業務用のIH炊飯釜を使用していたため、これを家庭用炊飯器に応用したものが本炭釜となりました。当時、炭素素材に関して認識を持っていた人は少なかったため、炭素素材に着目し、家電製品に採用した点が高く評価されています。

　本炭釜の開発担当者は、当時、炊飯器の価格競争から脱却できる新素

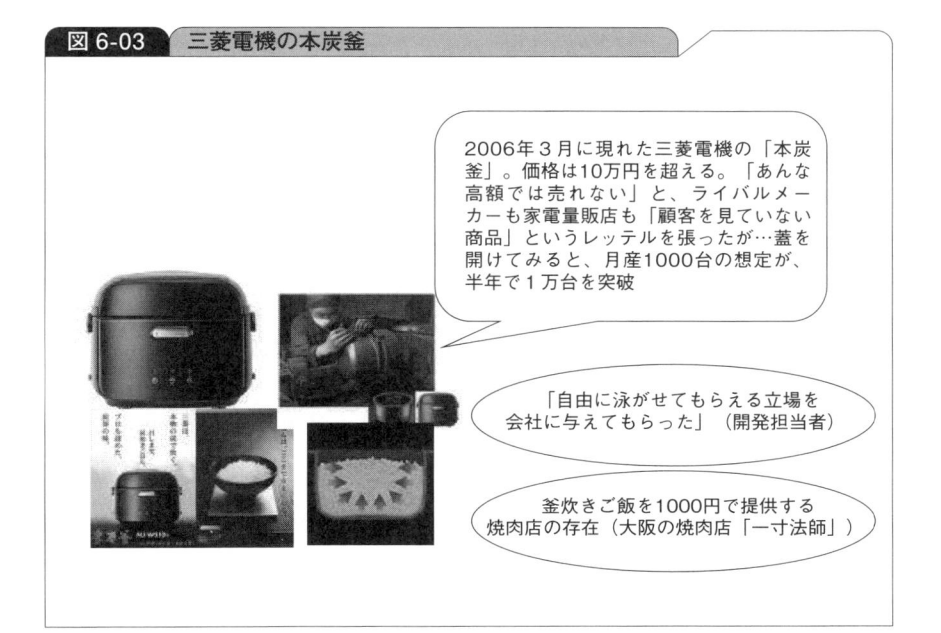

図6-03　三菱電機の本炭釜

2006年3月に現れた三菱電機の「本炭釜」。価格は10万円を超える。「あんな高額では売れない」と、ライバルメーカーも家電量販店も「顧客を見ていない商品」というレッテルを張ったが…蓋を開けてみると、月産1000台の想定が、半年で1万台を突破

「自由に泳がせてもらえる立場を会社に与えてもらった」（開発担当者）

釜炊きご飯を1000円で提供する焼肉店の存在（大阪の焼肉店「一寸法師」）

材や新技術を探索していました。そんな中、炭にスポットが当たります。

　炭の鍋で水を沸かすと、細かな水蒸気の泡が激しく発生するため、均一に加熱することができます。遠赤外線効果も期待できます。炭で米を炊くと、甘みを引き出します。

　しかし、炊飯器には向かない素材でした。多孔質で、水が漏れやすいという短所があります。炭は、小さな衝撃ですぐに割れてしまいます。素材の原価そのものが高く、金属のようにプレス加工ができないために大量生産が難しく、製造コストが跳ね上がる点も大きな壁でした。

　しかし、開発担当者はあきらめず、炭を炊飯器に合わせた半球状に加工できる業者を探しはじめました。開発内容は極秘だったため、「サッカーボールを半分に切断したようなものを作りたい」と本来の目的を告げずに、取引実績のある加工業者に打診しました。しかし、ほとんどの加工業者の返答は、「不可能」という内容でした。

　そこで、技術を持つ業者を広く探す方法に切り替えました。インターネットで調べ、片っ端から連絡を取りました。

　そんなとき、「サッカーボールを半分に、というのはできるかどうかわかりませんが、お米を炊く釜なら作った経験はある」という業者から申し出がありました。関西のカーボン加工専業会社からの連絡でした。

　試作品を見た開発担当者は、製品化について確信を持ち、カーボン加工会社の社長との取引交渉を開始しました。

(3)「工芸製品」批判にも屈指ない精神

　担当者の熱意が、加工会社の社長を動かしました。2人の会談後、社長は、三菱電機の開発担当者を大阪府高槻市の高級焼肉店「一寸法師」へと連れて行きました。「一寸法師」では、釜炊きご飯を1杯1,000円でメニューに載せていました。席に着いた2人の目の前に、木枠に覆われた鈍く黒光りする釜が運ばれてきました。蓋を開けると、湯気が立ち上

がり、艶やかに立つ米粒が盛られていました。一寸法師は、カーボン加工会社が炭素材の釜を納品した先だったのです。

　加工業者が見つかった後も、「うちは電機メーカーだ。工業製品じゃなくて工芸品を作ってどうするんだ」という社内での製品化への反対の声は相当強いものでした。炊飯器の新たな可能性を見出した開発担当者の提案は、社内ではなかなか認められませんでした。

　難色を示す会社を説得するヒントは、加工会社の社長が連れて行ってくれた一寸法師にありました。通常のご飯は200円です。それでも常連客は予約時に「ご飯を炊いておいて」と注文してきます。「直火で炊いたしっかりとした感触、甘くて濃い食味を再現できれば、対価を支払う顧客は必ずいるはずだ」と開発担当者は信念を曲げませんでした。

　着想から発売まで2年を経て、三菱電機の本炭釜は発売されました。

(4) 本炭釜ヒットの秘密

　本事例は、大手家電メーカーが、1人の社員に製品開発のほぼ全権を委任した点に特徴があります。通常、大手家電メーカーはチーム単位で製品を企画し、討議を重ね、いろいろなアイディアを検討します。合議制で製品を開発します。しかし、本炭釜の場合、1人の開発担当者が強い信念の元に、多くの人の反対を押し切って製品化を果たし、結果として、成熟期の製品だった炊飯器業界に大きな技術革新をもたらします。

　製品開発の意思決定の際には、ゴー・エラー、ドロップ・エラーが起こります。通常、これを回避するためには、二院制やクール・オフ法といった手法を用います。これらの手法は、常に集団で行うほうが精度が高いと思われがちですが、一見実現不可能に見えるアイディアが、実は大きな可能性を持っていることもあります。アイディアのスクリーニングには、慎重な姿勢と喧々諤々の議論が必要です。

section 3　プロダクト・マーケティングの事例紹介

旅行会社の製品開発事例

　プロダクト・マーケティングの成功事例として、ここでは、「旅行商品」の事例を紹介します。

(1) 旅行商品のカテゴリ

　北海道旅行、沖縄旅行、ハワイ旅行、ヨーロッパ旅行……旅行会社の店舗へ行くと、多数のカタログ（パンフレット）が色とりどりに並べられています。

　旅行商品は、単に行き先別のものだけでなく、さまざまなテーマ別のものまで、すでに多くの種類が存在しており、日々新商品が開発されているのが実情です。

図 6-04　旅行商品の主なカテゴリ

カテゴリ	主な旅行商品の例
旅行先別	北海道、沖縄、京都、ハワイ、ヨーロッパ……
目的別	ウェディング、ハネムーン、温泉、テーマパーク、クルーズ……
シーズン別	お正月、ゴールデンウィーク、夏休み、紅葉……
イベント別	スキー、卒業旅行……

(2) 利便性を高めた新商品開発戦略

「四国八十八箇所巡りの旅」、「西国三十三観音札所巡り」……といった巡礼ツアーがあります。

「四国八十八箇所巡りの旅」の場合、もともと四国へ行く旅行というものは多々存在していましたが、巡礼に限ったものではありませんでした。しかし、巡礼をしたいというニーズを持つ顧客にとって、旅行の目的は「観光」でも「温泉」でもなく、まさに「巡礼」を期待しているのです。

そこで、「巡礼」に特化した旅行を開発、発売したところ、多くの顧客の支持を受けました。この商品が好評だった理由は、次の3点です。
①顧客面で、自分ではとても手配できない、訪問できない内容であること、またもしも自分で訪問しようとすると、時間のロスになること
②コスト面で、もし自分で組み立てて周遊すると費用が高額になること
③競合面で、他の旅行会社ではほとんど取り扱っていなかったこと

「巡礼」は、大衆向けのニーズではなく、一部の顧客が持つニーズで

図 6-05　巡礼商品企画のコンセプト（一部抜粋）

何を（What）	どんな製品を作るのか	札所巡礼に特化した商品
なぜ（Why）	なぜその製品を作る必要があるのか	巡礼ニーズが存在する一方で競合が少なく、顧客は不便に感じているから
誰に（Whom）	ターゲットとなる顧客は誰なのか	中高年のグループ、一人参加者
どのように（How）	販売促進はどう展開するのか	・ターゲット層が好む雑誌等への広告 ・添乗員による説明会を実施

したが、特化することで、製品開発に成功した事例です。

　図6-05は、商品企画コンセプトに照らして整理をしたものです。

　また、このように自分では手配ができない等の問題を解決した結果成功した事例としては、次のようなものがあります。

・「チャーター便を設定したツアー」：日頃は直接行けない目的地へ、チャーター便（航空）を設定することにより直接たどり着けるという商品
・「臨時列車を使った旅行商品」：スキー用に普段は走っていない区間に臨時列車を走らせて、ゲレンデ付近の駅まで直接たどり着けるという商品

(3) 価値を高めた新製品開発戦略（部屋指定プラン）

　旅行先でのサービス内容をあらかじめ指定し、確約することで期待外れに陥るリスクを防ぎ、より満足できる確率を上げる仕掛けもあります。

　サービスには形がないため、物理的な製品のように購買前に見たり触ったりすることはできません。顧客はサービスの品質を事前に完全に把握することはできません。

　旅行業はサービス業であるため、形がなく不安も多いものですが、サービス内容の確約は、それを少しでも解消するのが狙いです。無形性の弱みを克服するという手法です。

　この事例として、「部屋指定プラン」があります。高層階を指定、夜景が見える側の部屋を指定、海の目の前の部屋を指定、露天風呂付きの部屋など、あらかじめ部屋を指定することで品質を確定させ、リスクを抑制します。

(4) 参加しやすさを改善した新商品開発戦略（日帰り設定）

　1泊旅行を、あえて日帰り2回に分けて成功したケースもあります。

価格的に手頃感が出ること、休みづらい方々が参加しやすくなることなどが特徴となり、顧客に喜ばれています。

巡礼旅行でも実施したケースがあります。以前は1回当たり4泊5日と長期旅行であったものを、あえて1泊2日にして回数を分けた結果、参加者数が大きく増えた上に、最終回の参加率も高い結果となりました。

(5) 単価向上を狙った新商品開発戦略（金曜日からの1.5泊プラン）

顧客単価を上昇させた事例に、1.5泊プランの設定があります。

繁閑の差が激しいというサービスの特徴（需要の時期的集中性、変動性）により、国内旅行は週末に人気が集中します。土曜日は高価に設定しても売れますが、逆に土曜日以外は空いており、価格を低めに設定してもなかなか予約が入らないという現象が起こりがちです。

そこで、新商品「金曜日からの1.5泊プラン」を設定します。

これは、金曜日の遅い時間にチェックインを行うことができる商品で、土曜日の1泊だけでなく金曜日の宿泊もセットとなっているものです。金曜日はチェックイン時刻を遅めとすることで、価格をお得に設定します。通常の金曜日からの2泊に比べると安く設定されています。

旅館からすれば、もともと空室であった部屋を埋めることができるというメリットがあり、顧客からすれば、1泊の料金に少々追加代金を支払うだけでお得にゆっくり滞在ができるというメリットがあります。

スキーなどの、朝からフルに現地で時間を使いたいという商品には特に有効で、今では人気の商品です。

このように、消費側、供給側双方のニーズを結びつけることで成功する商品もあります。

section 4　プロダクト・マーケティングの事例紹介
衣料品メーカーの製品開発事例

　ここでは、衣料品メーカーの製品開発戦略の事例として、低価格ジーンズと機能性肌着の開発を取り上げます。

(1) 低価格ジーンズ
①低価格ジーンズの登場
　最近、大手スーパーをはじめとした各社で、あいついで1,000円を切る「低価格ジーンズ」が発売され、好評です。
　メーカーから見ると、より低価格な新商品を投入することにより、顧客の支持を得ようとする戦略であり、新商品開発戦略の一種となります。
　これは、元々カジュアル衣料店がプライベートブランド（PB）商品を低価格で発売したことがきっかけではじまったもので、その後総合スーパー各社が追随し、さらにはディスカウント販売大手もPB商品を売り出すに至り、今では多数の低価格ジーンズが販売されています。
②低価格ジーンズの具体事例
　カジュアル衣料品店を展開するA社の場合、A社グループのネットワークを活用し、中国製の生地を、人件費の安いカンボジアで縫製加工することにより低コスト化を徹底し、従来とはケタ違いの低価格ジーンズを実現しています。自社のネットワークとノウハウをうまく活かして新商品開発に結びつけ、競争力を高めた事例です。
　大手スーパーのB社では、低価格ジーンズの発売から10日間で24万本を販売するなど好調でした。好調だった理由は、単に低価格であるためだけではなく、機能、デザイン、利便性、品質、使い心地、などに優

れているためと考えられます。

独自のインフラを活用してコストダウンを図るだけでなく、「より多くの人に気軽にジーンズをはいてもらいたい」という思いから、消費者の意見、着用実態調査のデータを用いて、デザイン・色・サイズなどを決定し、顧客の支持を得ることに成功しました。

B社の場合、開発にあたってのポイントをまとめると下図のとおりです。

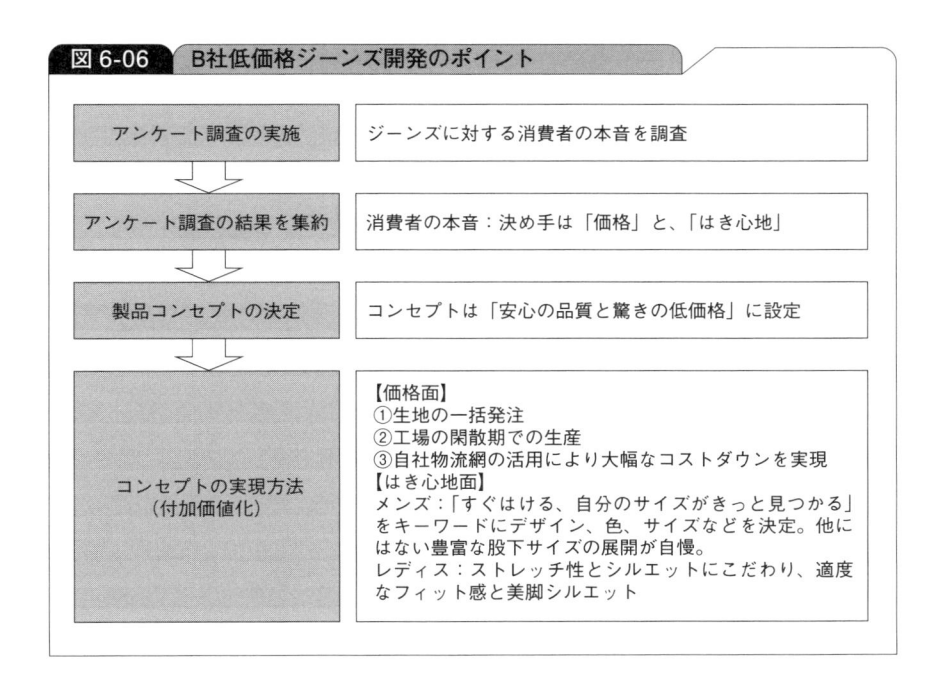

図 6-06　B社低価格ジーンズ開発のポイント

アンケート調査の実施	ジーンズに対する消費者の本音を調査
アンケート調査の結果を集約	消費者の本音：決め手は「価格」と、「はき心地」
製品コンセプトの決定	コンセプトは「安心の品質と驚きの低価格」に設定
コンセプトの実現方法 （付加価値化）	【価格面】 ①生地の一括発注 ②工場の閑散期での生産 ③自社物流網の活用により大幅なコストダウンを実現 【はき心地面】 メンズ：「すぐはける、自分のサイズがきっと見つかる」をキーワードにデザイン、色、サイズなどを決定。他にはない豊富な股下サイズの展開が自慢。 レディス：ストレッチ性とシルエットにこだわり、適度なフィット感と美脚シルエット

③各社のポイント

前述のとおり、多数の低価格ジーンズが存在していますが、製品としての特徴をまとめると図6-07のようになります。

以上のように、顧客ニーズに応えた商品開発が実現できています。

大手スーパーのC社の場合、前年同期と比べ、発売後の全国の売上数量は紳士用が4倍増、婦人用が3倍増となりました。従来では年齢層が高かった一方で、低価格ジーンズの購入客は年齢層が若いため、客層拡大に成功したとされています。

新製品の発売により、従来とは異なる客層を取り込むことができると、関連購買により他の商品の活性化につながる可能性があります。

以上、低価格ジーンズの例を紹介しましたが、同様の事例としては、昨今話題となった「5,000円で買えるスーツ」などもあります。

図6-07　低価格ジーンズのポイント

価格面	圧倒的な低価格	大幅に原価を抑制し低価格に ・生地を一括で発注 ・工場の閑散期に製造 ・人件費の安い国で縫製　等
デザイン面	ファッション性に優れたデザイン	アンケート等により消費者のこだわり（ニーズ）を調査し商品に反映
	カラーバリエーション	淡色ではなく2色を用意
	サイズ	あらゆる年代層に合う豊富なサイズ（例:B社の場合、男性用63サイズ、女性用12サイズ）
品質面	安心の品質	期待を裏切らない品質

(2) 機能性肌着

　低価格路線の一方で、機能を高めることにより顧客の支持を受けた例として、「機能性衣料」があります。寒い冬季にはより暖かい肌着を、暑い夏季にはより涼しい肌着をと、シーズンを少しでも快適に過ごすため、温度調節等の機能を高めた商品への人気が高まっています。

　今や、大手衣料品店や大手スーパーなど各社とも新製品を続々とリリースしており、ＵネックＴシャツ、ＶネックＴシャツ、タートルネックシャツ、タイツ等、商品ラインナップも充実しています。

　冬季用の肌着の場合、「発熱」「保温」「静電気防止」等さまざまな機能を具備しており、寒い季節でも快適に過ごせるように工夫されています。ただし、高機能な分だけ、販売額は従来商品よりも高めに設定されていますが、従来以上の売れ行きとなっています。

　衣料品店のＤ社では、保温性に優れた機能性肌着250万枚を販売しましたが好評だったため、次年度には前年の4倍にあたる1000万枚の販売を目指すとしています。

　結果として、新商品が「機能面」で支持を得たため、商品単価（顧客単価）の上昇にも貢献することができました。

　この機能性肌着を「コトラーの3層構造モデル」に当てはめてみると、次の図6-08のとおりに整理できます。「中核便益」に対応するために、具体的に「実際製品」において差別化を図っていることがわかります。

図6-08　コトラーの3層構造モデルで機能性肌着を検証

中核便益	暖かい衣服を着たい
実際製品	発熱、保温、静電気防止、薄さといった機能が付加されている
拡大製品	返品も可能

section 5　プロダクト・マーケティングの事例紹介
中小企業の新製品開発事例

　最後に、中小企業の成功事例として、ペット用品の企画メーカーA社の新製品開発戦略を紹介します。

(1) 事業ドメインとマーケティングの基本方針
①企業概要
　A社は、大都市郊外にあるペット用品の企画メーカーです。従業員数は社員・パート含めて14名です。創業以来、高付加価値製品の開発・提案を継続的に実践することで、増収増益を続けています。
②事業ドメイン
　A社は、独自の製品開発を行うことで、現在の市場に存在しない便益を提供しています。顧客ニーズ探索力と製品開発力がA社の強みです。
③プロダクト・マーケティングの基本方針
a.拡大製品概念
　A社におけるプロダクト・マーケティングに対する基本方針は、「顧客の悩み・お困りごと・不便を解消する製品を開拓すること」です。これは、A社の製品が提供する便益の束と言い換えることができます。社

図6-09　A社の事業ドメイン

標的顧客	ドッグライフに関わるあらゆる人・組織
顧客機能	便利で快適なドッグライフを演出する
独自能力	顧客ニーズ探索力と他社との連携による製品開発力

長は、「デザインやかわいらしさも重要ではあるが、本質的な便益にこだわった製品作りを行っている」と語っています。

b. ニーズとウォンツ

近年、さまざまな犬種が普及するとともに、飼い主のニーズの多様化傾向が急激に進んでいますが、ペット用品に対するニーズを総体的にとらえると、次のようになります。

「犬に健康で長生きしてもらいたい」

「楽に、快適に散歩や移動をしたい」

これらのニーズを基に、A社独自の製品開発により、ニーズの手段的欲求であるウォンツの喚起に成功しています。A社が近年開発した製品の例をいくつか挙げてみましょう。

製品がまとっている中核便益を追求する姿勢を貫いており、「モノからコトへ」を実践していることがわかります。

図 6-10　開発製品の例

商品	特徴・便益
抜け毛を取り除くブラシ	犬の死毛（体に生えているが、数日～2週間程度で先に抜け落ちる毛）を毛根から抜き取るブラシ。抜毛をとるブラシはありましたが、死毛を抜き取るブラシはこの製品が出るまでは市場にありませんでした
カート型のキャリーバック	犬専用のキャスター付き移動用カートです。数頭の犬を同時に散歩させる場合、近隣の公園まで移動する際に利用する他、災害時の避難にも利用できます

(2) 新製品開発戦略
①製品差別化戦略

A社の製品差別化戦略は、「多機能化・高級化」を柱としています。前頁のブラシやカート型のキャリーバックは、A社が開発するまでは国内市場になかった機能でした。大量生産製品ではないため、価格は比較的高くなりますが、ペット用品の市場には、価格よりも品質や機能に購買の基準を置く顧客が多く存在しており、A社はそのような顧客をターゲットとしています。

②先発ブランドのメリットを活かす

現状の国内市場にない機能を提供するため、価格に対してそれほど敏感ではない初期採用者に素早く浸透させ、市場を新たに創ることができます。カート型キャリーバックは、高級住宅街で認知・浸透してきています。多頭飼いしている人が玄関でカートに乗せ、近隣の公園まで運んでから散歩させるスタイルが定着しています。

③新製品開発プロセス

A社は機能別組織を採用しており、財務部門、物流部門、業務部門などから構成され、部門それぞれが顧客との接点を持っています。新製品開発には、全社員が参画できる仕組みがあります。顧客から得られたさまざまな情報や要望から、新製品や既存製品の改善・改良に関するアイディアを紙に書き出します。アイディアを貼り出すスペースを設けていて、現状どのようなアイディアがあるか、全社員が閲覧できるようにしています。これは中小企業ならではの方法です。次に、便益の大きさや実現性などのさまざまな要因をブレインストーミングなどの手法を使って検討し、スクリーニングを行い、製品の規格を完成させます。

新製品の開発は、メーカーや仕入先などの外部組織との連携で実現しています。

テストマーケティングは、製品サンプルをペットショップ、獣医、ブ

リーダー、訓練所、トリマー（犬の美容師）などに配布して、改善点などの情報をフィードバックしてもらいます。この他、ドッグショーや展示会での実演販売により、その場で使ってもらうことも行っています。

ニーズに対応するための市場情報収集・技術発掘のために、米国に世界のペット用製品の情報を収集する拠点を設けています。特に米国とドイツでは、大規模なドッグショーや展示会が開催され、ペット用品の市場情報が数多く揃っています。スムーズな情報の収集と商品流通の流れを創ることが海外拠点の役割です。

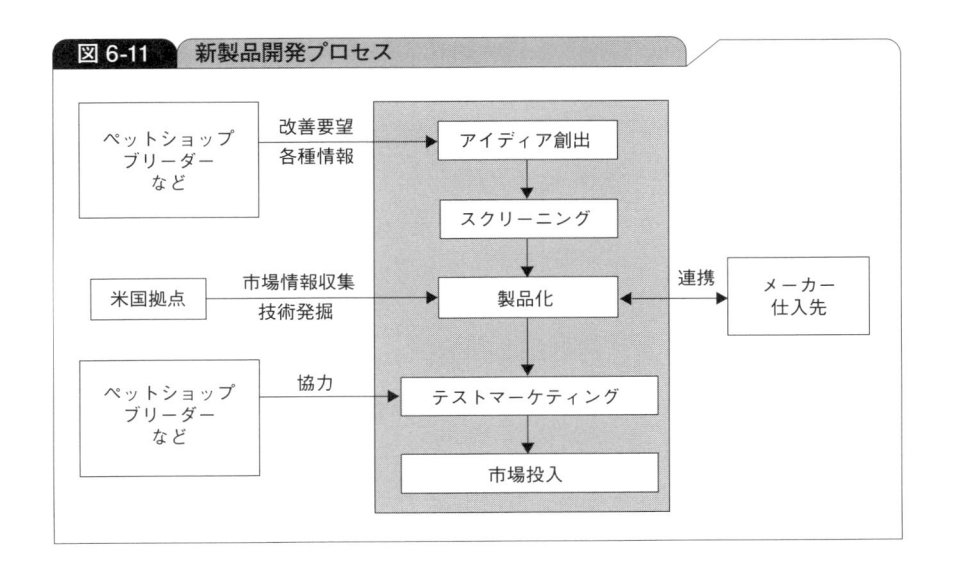

図 6-11　新製品開発プロセス

```
ペットショップ      改善要望
ブリーダー     ───→  アイディア創出
など           各種情報        ↓
                          スクリーニング
                               ↓
米国拠点      市場情報収集              連携   メーカー
              ───→    製品化    ←────→   仕入先
              技術発掘         ↓
                          テストマーケティング
ペットショップ   協力            ↑
ブリーダー    ─────────────┘
など                           ↓
                           市場投入
```

参考文献

- 『マーケティング原理（第9版）』（P.コトラー/G.アームストロング著 ダイヤモンド社　ピアソン・エデュケーション）
- "Principles of Marketing tenth edition"（P.Kotrer PEARSON Prentice Hall）
- 『コトラーのマーケティング入門』（P.コトラー/G.アームストロング著 ピアソン・エデュケーション）
- 『コトラーのマーケティング・マネジメント（ミレニアム版)』（P.コトラー著 ピアソン・エデュケーション）
- 『有斐閣アルマ 新版 マーケティング戦略』（和田充夫・恩蔵直人・三浦俊彦著 有斐閣）
- 『中堅・中小企業のマーケティング戦略』（山本久義著 同友館）
- 『マーケティング・ベーシックス』（社団法人日本マーケティング協会編 同文舘出版）
- 『競争の戦略』（M.ポーター著 ダイヤモンド社）
- 『競争優位の戦略』（M.ポーター著 ダイヤモンド社）
- 『戦略的マーケティングの論理』（嶋口充輝著 誠文堂新光社）
- 『柔らかいマーケティングの論理』（嶋口充輝著 ダイヤモンド社）
- 『戦略的商品管理』（著者名著 出版社）
- 『インターナル・マーケティング』（木村達也著 中央経済社）
- 『最新・戦略経営』（H.I.アンゾフ著 産能大学出版部）
- 『事業の定義』（エーベル著 千倉書房）
- 『実況LIVE マーケティング実践講座』（須藤美和著 ダイヤモンド社）
- 『シュガーマンのマーケティング30の原則』（ジョセフ・シュガーマン著 フォレスト出版）
- 『速解！"売れる商品を創る"開発マーケティング50のステップ』（石

川憲昭著 日刊工業新聞社）
- 『ヒット商品が面白いほど開発できる本』（太田昌宏著 中経出版）
- 『顧客志向の新製品開発―マーケティングと技術のインタフェイス』（川上智子著 有斐閣）
- 『商品企画七つ道具―新商品開発のためのツール集』（神田範明著 日科技連）
- 『図解でわかる商品開発マーケティング―小ヒット＆ロングセラー商品を生み出すマーケティング・ノウハウ（Series Marketing）』（浅田和実著 日本能率協会マネジメントセンター）
- 『製品開発の知識（日経文庫）』（延岡健太郎著 日本経済新聞社）
- 『新製品開発マネジメント―会社を変革する戦略と実行』（河野豊弘著 ダイヤモンド社）
- 『「ヒット！」商品開発バイブル（アスカビジネス）』（馬場了、河合正嗣著 明日香出版社）

監修者
山口 正浩（やまぐち まさひろ）
（株）経営教育総合研究所代表取締役社長、中小企業診断士の法定研修（理論政策更新研修）経済産業大臣登録講師。産業能率大学兼任講師、経済産業大臣登録中小企業診断士、経営学修士（MBA）。日本経営教育学会、日本経営診断学会、日本財務管理学会など多数の学術学会に所属し、財務や経営戦略、事業再生に関する研究をする一方、各種企業・地方公共団体にて、経営幹部、営業担当者の能力開発に従事している。
著書として、『経済学・経済政策クイックマスター』、『アカウンティングクイックマスター』（以上同友館）、『3級・販売士最短合格テキスト』『減価償却の基本がわかる本』（以上、かんき出版）、『販売士検定3級 重要過去問題 傾向の分析と合格対策』（秀和システム）など、100冊以上の著書・監修書がある。

木下 安司（きのした やすし）
（株）セブン‐イレブン・ジャパン システム部を経て、経営コンサルタントとして独立。昭和57年、（株）東京ビジネスコンサルティング（現（株）TBC）を創業。現在、（株）TBC代表取締役社長、（株）経営教育総合研究所主任研究員。経済産業大臣登録中小企業診断士。
業界屈指の合格率を誇る「TBC受験研究会」を28年間主宰し、中小企業診断士の育成、指導を通じて人的ネットワークを構築。企業の経営革新・事業再生支援に注力している。
著書に、『図解 よくわかるこれからの流通』（同文舘出版）、『コンビニエンスストアの知識』『小売店長の常識』（日本経済新聞出版社）、『セブン‐イレブンに学ぶ超変革力』（講談社）、『手にとるようにマーチャンダイジングがわかる本』（かんき出版）など多数。

編著者
竹永 亮（たけなが まこと）
（株）経営教育総合研究所取締役主任研究員、中小企業診断士、経営学修士（MBA）、中小企業診断士の法定研修（理論政策更新研修）講師、元・早稲田大学大学院アジア太平洋研究科委嘱講師、NTTデータ・ユニバーシティ委嘱講師、TBC受験研究会主任講師。
オークネット・ビジネス・アカデミー、常陽銀行ビジネスアカデミーを主宰。ダスキン全直営店長研修、ポーラ未来研究会、クリナップ新任管理者研修等を担当。上場企業・大手金融機関の企業内大学構築コンサルタントとして活躍中。DREA理論、CTM理論、動機づけ地形図モデル、SMP、マネジリアル・クライミング・モデルの創始者・考案者。
著書に、『新ストレート合格法 クイックマスター』、『経営法務クイックマスター』、『新・会社法入門ここから読む→こう覚える』、『新・知的財産法入門 ここから読む→こう覚える』（以上、同友館）、『ダイレクト・マーケティング』（以上、同文舘出版）、『CTM理論で変わるマーケティング・スタイル〔DVD〕－できるビジネスマンになる2 目からウロコの顧客獲得倍増計画（創己塾名講義プロジェクト）』（創己塾出版）など多数。

マーケティング・ベーシック・セレクション・シリーズ
プロダクト・マーケティング

平成22年2月17日　初版発行

監修者―――山口正浩

編著者―――竹永　亮

発行者―――中島　治久

発行所―――同文舘出版株式会社
　　　　　　東京都千代田区神田神保町1-41　〒101-0051
　　　　　　電話 営業03（3294）1801　編集03（3294）1803
　　　　　　振替 00100-8-42935
　　　　　　http://www.dobunkan.co.jp

ⓒ M.Yamaguchi　　　　　　　ISBN978-4-495-58781-9
印刷／製本：シナノ　　　　　Printed in Japan 2010

コミュニケーション・マーケティング

㈱経営教育総合研究所
山口正浩 監修
竹永 亮 編著

マーケティング・ベーシック・セレクション・シリーズ
Marketing Basic Selection Series

多様化しているマーケティングを12のテーマに分類し、最新事例や図表を使用してわかりやすくまとめたシリーズ。企業のマーケティング研修のテキストとして最適！

- インターネット・マーケティング（既刊）
- 流通マーケティング（既刊）
- ダイレクト・マーケティング（既刊）
- プライス・マーケティング（既刊）
- プロモーション・マーケティング（既刊）
- コミュニケーション・マーケティング（既刊）
- プロダクト・マーケティング（既刊）
- ブランド・マーケティング（既刊）
- ロイヤリティ・マーケティング
- ターゲット・マーケティング
- マーケティング・リサーチ
- 戦略的マーケティング

マーケティング・ベーシック・セレクション・シリーズ専用HP
http://www.keieikyouiku.co.jp/MK/

順次刊行

同文舘出版